일이 되게 말하는 법

일이 되게 말하는 법

초판 1쇄 발행   2025년 6월 27일

지은이   임영균
펴낸이   서재필
책임편집   나진이

펴낸곳   마인드빌딩
출판등록   2018년 1월 11일 제395-2018-000009호
이메일   mindbuilders@naver.com

ISBN 979-11-92886-93-0 (03190)

· 책값은 뒤표지에 있습니다.
· 잘못된 책은 구입하신 곳에서 바꿔드립니다.

> 마인드빌딩에서는 여러분의 투고 원고를 기다리고 있습니다. 출판하고 싶은 원고가 있는 분은 mindbuilders@naver.com으로 기획 의도와 간단한 개요를 연락처와 함께 보내주시기 바랍니다.

대면 보고에는
공식이 있다

임영균 지음

일이 되게 말하는 법

칭찬은 기대하지 않지만
평온한 하루를 마무리하는

보고의 완성

이 책을 통해 보고 스킬을 넘어
생각하는 방법, 일상의 말솜씨, 사람을 대하는 기술까지
익히고 활용할 수 있다

마인드
빌딩

저자의 말

오늘도 보고 때문에 힘드셨나요?

우리는 살아가면서 「말」을 통해 사람들과 소통하고 관계를 맺는다. 사람마다 말을 잘하고 못하고 정도의 차이는 있지만, 말을 하는 데 크게 어려움을 느끼는 사람은 없다.

여러 가지 말 중에서 의도를 가지고 하는 것을 「커뮤니케이션」이라고 한다. 커뮤니케이션을 잘하려면 명확하고, 논리적이고, 간결해야 한다. 여기서부터 사람들이 어려움을 겪기 시작한다. 일상의 언어가 아니라 일의 언어에 가깝기 때문이다.

특히, 동료나 부하직원이 아니라 상사라고 불리는 사람들과의 커뮤니케이션을 「보고」라고 한다. 보수적이고, 권위적이고, 때론 꼰대 기질까지 있는 윗사람들에게 보고하는 일은 말하기의 최고 단계이자 가장 난이도 높은 기술이라고 할 수 있다.

하지만 회사에서 보고하는 방법을 친절하게 가르쳐주는 상사는 없다. 바쁘기도 하고, 귀찮기도 하고, 어쩌면 상사들조차 제대로 배운 적이 없기 때문이다. 각자가 눈치껏, 경험으로, 직접 깨지면서 "이렇게 보고하는구나" 하고 배운다.

스스로 보고 방법을 배우고자 하는 사람도 많지 않다. 보고를 잘못해 상사에게 깨지면 그 순간에는 억울함과 깊은 빡침(?)이 올라와 제대로 배워보고 싶다는 생각이 잠깐 스쳐가지만, 이내 현실에 안주하며 또다시 보고라는 장벽에 부딪치는 날들이 계속된다. 가르쳐주는 사람도 없고, 배운 적도 없기 때문에 보고는 늘 낯설고 불편한 일로 남게 된다.

낯섦이 익숙함으로, 불편함이 편안함으로 바뀔 수 있도록 이 책을 집필하게 되었다. 시중에 나와 있는 여러 좋은 책들을 참고했고, 내가 가진 경험과 노하우를 더해 마치 수학 공식처럼 딱딱 떨어지는 보고 공식을 제시하고자 노력했다. 이 책을 보면서 막막하고 어렵기만 했던 보고가 마치 사칙연산이나 일차방정식 문제를 푸는 것처럼 쉽게 느껴질 수 있기를 기대한다.

[보고에도 공식이 있다.]

나아가, 수학 공식 하나만 제대로 알면 상황에 맞게 응용해서 다양한 문제를 풀 수 있듯이, 이 책에서 제시하는 몇 가지 보고 공식만 익히면 상황에 맞게 적절하게 응용하여 보고를 할 수 있을 것이다.

저자의 말

책의 내용 세 가지

　책의 내용은 크게 세 가지로 구성하였다. 먼저 PART 1에서는 상황에 맞는 보고 내용을 구성하는 방법을 제시한다. 직장에서 자주 발생하는 보고 상황을 세 가지로 구분하고, 그에 맞는 적절한 보고 방법을 정리하였다. 좁게 보면 보고 내용에 관한 내용이지만, 넓게 보면 생각을 체계적으로 정리하는 사고력 증진에도 도움이 될 것이다.

　PART 2에서는 보고 내용을 담아내는 그릇인 「말」에 관해 이야기한다. 같은 음식이라도 어떤 그릇에 담고 어떻게 스타일링을 하느냐에 따라 맛이 달라지듯이, 같은 내용이라도 어떻게 말하고 표현하느냐에 따라 상사가 느끼는 맛이 달라질 것이다. "아" 다르고 "어" 다르듯이 말하는 방법에 따라 상사가 "어?" 하고 반박할 일이, "아!" 하고 수용할 수 있는 여러 가지 보고 스킬을 소개한다. 좁게 보면 보고 스킬에 관한 이야기지만, 넓게 보면 말을 좀 더 잘할 수 있는 방법이라 생각해도 좋다.

PART 3에서는 보고 태도에 관해 설명한다. 세상 모든 일이 그러하듯이, 보고 또한 내용이나 스킬 이전에 태도가 중요하다. 특히, 보고는 대등한 위치에 있는 사람이 아니라 대개 나보다 직급이 높은 사람에게 하는 것이므로 그 중요성이 배가된다. 상사의 마음을 얻어 좀 더 효과적으로 보고할 수 있는 태도가 중요하다. 좁게 보면 보고 태도에 관한 이야기지만, 넓게 보면 사람의 마음을 얻기 위한 인간관계 기술로 이해해도 좋다.

책의 내용은 철저하게 말로 하는 보고 스킬에 초점을 맞췄지만, 그 효과는 독자 여러분들이 해석하기에 따라 무한대로 커질 수 있다고 생각한다. 보고에 관한 책이지만, 이 책을 통해 사고력, 말하는 능력, 인간관계 기술까지 키울 수 있으리라 기대한다. 업무에서뿐만이 아니라, 살아가는 데 두루두루 도움이 되기를 바라는 마음을 담아 책을 썼다.

보고에 관한 책이지만 보고에 관한 책이 아니다

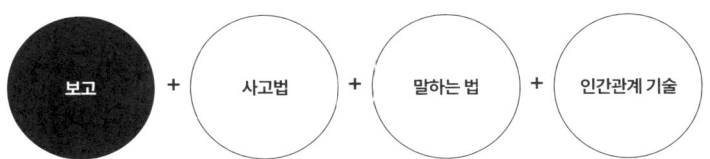

저자의 말

오늘도 보고 때문에 고민하는 수많은 직장인들에게 이 책이 사이다처럼 속 시원한 해법을 제시할 수 있기를 바란다. 빨래엔 피죤, 피로엔 우루사, 두통엔 펜잘처럼, 보고에는 『일이 되게 말하는 법』이라는 책이 있어서 여러분들이 고민을 해결하는 데 도움이 되길 기대한다.

차례

저자의 말 오늘도 보고 때문에 힘드셨나요?　　　　　　　　　　　　　　4
시작하며 일상의 언어가 아닌 일의 언어　　　　　　　　　　　　　　10

PART. 1　보고 내용

CH.1 이슈 보고 문제에는 해결책을 묶어서 보고한다　　　　　　29
CH.2 아이디어 보고 생각한 순서가 아니라, 상대방이 궁금해하는 순서　　47
CH.3 업무 보고 일상의 업무 보고에도 루틴을 만들자　　　　　　68

PART. 2　보고 스킬

CH.1 보고의 언어 보고를 돋보이게 하는 말하기 기술　　　　　　93
CH.2 피드백 대응 상사의 의견에 효과적으로 대응하는 방법　　　117
CH.3 상사 유형 상사의 성향을 파악하고 맞춤형 보고를 하자　　134

PART. 3　보고 태도

CH.1 보고 시점 상사의, 상사에 의한, 상사를 위한 보고 시점 정하기　155
CH.2 보고 지시 보고의 시작이자 완성은 업무 지시를 받는 순간에 있다　170
CH.3 보고 매너 Manner makes 보고, 매너가 보고의 완성을 좌우한다　187

마치며 보고 품앗이가 이어지는 그날을 기대하며　　　　　　　　203

시작하며

일상의 언어가 아닌 일의 언어

1. 일의 언어에는 연습이 필요하다

누구에게나 그러하듯 「첫」 경험은 늘 강렬한 듯하다. 첫 만남, 첫 키스, 첫사랑 등등 일반명사에 「첫」이라는 단어 하나만 붙였을 뿐인데 왠지 모르게 강력한 기억으로 다가온다. 회사 생활에서도 첫 월급, 첫 진급의 순간은 아마 평생 잊지 못할 기억으로 남을 것이다.

하지만 「첫」 경험에 꼭 긍정적인 기억만 있는 것은 아니다. 때로는 지워버리고 싶은 흑역사로 자리한 「첫」 기억도 있다. 내게 첫 보고가 그랬다. 신입사원 시절 조직문화 TFT에 참여한 적이 있는데, 어느 날 팀장님이 갑자기 부르더니 이렇게 물었다.

"이번에 박대리 도와서 A프로젝트 진행하고 있다면서? 잘돼가?"

순간 머릿속이 하얘지면서 오만가지 생각이 다 들었다.
'박대리님한테 물어보시지, 왜 하필 나한테.'
'어디서부터 말해야 하지?'
'뭘 알고 싶어하시는 걸까?'

그렇게 잠시 생각하다, 나는 힘겹게 보고를 시작했다.
"아, 그러니까… 이번 프로젝트는 부서간 협업이 원활하게 진행되지 않아서 시작된 프로젝트로 멤버는 총 여덟 명입니다. 팀장님께도 잘 아시다시피 경영 기획팀 팀장님이 TFT 팀장님이시구요. 프로젝트는 지난 주 월요일부터 시작을 했는데요, 먼저 기획 단계에서는…."

그런데 듣고 있던 팀장님 표정이 점점 안 좋아지더니, 이렇게 질문을 해왔다.
"그건 다 알고 있는 거고. 진행 상황이 어떻게 되어가는지 알고 싶은데…."

정신이 바짝 든 나는 다시 말을 이어갔다.
"네 팀장님. 프로젝트의 기획 단계에서 생각한 이슈는 두 가지입니다. 부서간 이기주의와 협업 프로세스의 부재로 인해 중복되거나 놓치는 업무가 많다는 점입니다. 그래서 프로젝트의 방향성을…."

여기까지 듣다가 팀장님은 다시 표정이 안 좋아지다 못해 거의 잿빛에 가깝게 변했다. 말투에서도 친절함이 사라진 지 오래였다.

"아니 그러니까, 내 말은 잘되고 있냐고? 내 말 무슨 말인지 몰라?"

등에서 식은땀이 자꾸 흐르고 다급한 마음에 나는 입에서 나오는 대로 말했다.

"아 죄송합니다. 대단히 잘 진행되고 있습니다."

주변 공기가 싸늘해지고 팀장님의 차가운 한마디가 더해졌다.
"대단히는 뭐고, 잘은 어느 정도라는 거야?"

이 말을 끝으로 더 이상의 기억은 없다. 이미 내 정신은 안드로메다로 간 상황이었고, 팀장님도 더 이상 할 말이 없다는 듯

박대리님을 찾아서 대화를 이어갔기 때문이다. 그때 당시는 '팀장이면 좀 더 들어줘야 하지 않나?' '가르쳐주고 뭐라 하든가?' '괜히 시비 거네'라는 생각으로 팀장님을 원망했다.

하지만 이제 와서 돌이켜보면 내 보고가 참으로 한심하기 짝이 없었다는 걸 인정하게 된다. 그때와 같은 상황이 다시 펼쳐진다면, 나는 아마도 이렇게 보고하지 않을까?

"네, 팀장님. 잘 진행되고 있고요, 현재 프로젝트 진척률은 약 70%입니다. 현재는 부서별로 액션 플랜을 작성하는 단계이고, 예상 마무리 시점은 2주 후입니다."

상사가 상황을 물었다면 일의 배경이 아닌 상황을 간결하게 설명하는 것이 보고다. 내가 생각한 순서나, 내가 하고 싶은 말을 쏟아내는 건 일상의 언어이지 일의 언어가 아니다. 상대방이 가장 알고 싶어하는 내용을 중심으로 순서에 맞게 말하는 것이 일의 언어, 보고이다.

[보고는 일상의 언어가 아니다.
일의 언어는 달라야 한다.]

외국으로 이민을 가거나 유학을 가면 가장 먼저 그 나라 말을 익히고 배워야 하는 것처럼, 회사에 들어가면 일의 언어인 보고를 배워야 한다. 일의 언어는 일상의 언어와 완전히 다르기 때문이다. 시간이 지나면 해결되겠지, 경험으로 배우겠지 하고 넘겨버릴 일이 아니다. 한번쯤은 시간을 투자해서, 마치 영어나 일어와 같은 외국어를 공부하듯이 배우는 것이 필요하다. 한국과 미국이 다르듯이 일상과 직장은 다르기 때문이다.

일의 언어에는 크게 두 가지가 있다. 말로 하는 보고와 글로 하는 보고이다. 통상적으로 말로 하는 보고를 「구두 보고」라고 하고, 글로 하는 보고를 「서면 보고」 또는 「보고서」라고 한다. 물론 처음에는 서면 보고가 더 어렵게 느껴질 수 있다. 논리적으로 내용을 정리해야 하고, 문장도 깔끔해야 하며, 시각적인 표현까지 신경 써야 한다. 하지만, 사실 진짜 어려운 건 구두 보고이다.

첫째, 구두 보고는 생각을 정리할 시간이 부족하다. 구두 보고는 언제, 어디서 요구할지 모른다. 팀장이나 임원이 불쑥 "지금 상황 어떻게 진행되고 있어?"라고 물으면 바로 대답해야 한다. 서면 보고처럼 자료를 준비하거나 생각을 정리할 시간이 없다. 그러다 보면 앞뒤가 맞지 않는 이야기를 하거나, 불필요한 내용이 많이 담겨 말이 길어지고 중언부언 한 말을 다시 되풀이하게 된다.

둘째, 상대방의 반응이 즉각적으로 확인된다. 구두 보고를 하다 보면 보고를 듣는 상사의 표정, 반응, 피드백 등이 실시간으로 전해진다. 글을 쓸 때는 상사의 반응을 신경 쓰지 않아도 되지만, 말로 할 때는 눈 앞에서 펼쳐지는 다채로운(?) 상사의 반응에 부담감이 커질 수밖에 없다.

셋째, 상사가 말로 보고한 내용을 전부 기억하기 힘들다. 청각 정보는 시각 정보에 비해 정보 도달률이나 저장률이 떨어지기 때문이다. 보고를 듣다 보면 앞내용이 생각나지 않기도 하고, 여러 가지 정보가 한꺼번에 유입되다 보면 머릿속이 복잡해져서 보고 내용을 전부 기억하기가 힘들다. 그래서 서면 보고에 비해 좀 더 체계적이고 간결하게 정리해서 전달하는 기술이 필요하다.

[일의 언어, 보고에도 연습이 필요하다.]

예전에 대한민국 발라드계를 평정했던 〈사랑에 연습이 있었다면〉이란 노래가 있다. 가사의 일부를 인용하면 다음과 같다.

"사랑에 연습이 있었다면 우리는 달라졌을까
내가 널 만난 시간 혹은 그 장소
상황이 달랐었다면 우린 맺어졌을까."

이 가사를 「첫」 보고에 실패한 나 자신에게, 그리고 보고에 어려움을 겪고 있는 여러분들의 상황에 대입해보면 어떨까? 보고에 연습이 있었다면 상사와의 관계가 조금은 달라지지 않았을까? 상사와 맺어질(?) 일은 없어야겠지만, 상사에게 좀 더 인정받고 회사 생활을 하기가 좀더 쉽지 않았을까?

[처방 이전에 진단이 먼저다.]

보고에도 연습이 필요하다. 하지만, 무턱대고 연습하는 것은 비효율적이다. 올바른 방법을 알고 연습해야 한다. 그렇다면 어디서부터 어떻게 시작하면 좋을까? 의사가 처방을 하기 전에 정확한 진단을 내리는 것처럼, 제대로 된 보고 방법을 찾아보고 실력을 키우려면 먼저 내 보고에 어떤 문제가 있는지 진단하는 것이 중요하다. 그래야 제대로 된 방법을 찾을 수 있기 때문이다.

그렇다면 정확한 진단은 어디서 받을 수 있을까? 전문가, 강사, 작가가 아니다. 인정하기 싫지만, 내 보고를 듣고 피드백하는 상사들이야말로 가장 정확한 진단을 내릴 수 있는 사람이다. 결국, 보고를 잘하려면 먼저 상사를 이해하는 것이 중요하다. 그렇다면, 상사들은 과연 어떤 사람일까? 이 질문에서부터 시작해야 할 것 같다.

2. 보고를 어렵게 하는 결정적인 이유, 상사?!#@#

예전에 〈유 퀴즈 온 더 블럭〉이라는 예능 프로그램을 보다가 재미있는 장면이 눈에 들어왔다. 메인MC 유재석과 조세호가 길을 걸으며 점심 메뉴를 정하고 있었는데, 그 상황을 글로 옮기면 이렇다.

    (유재석) 세호야 오늘 점심 뭐 먹을까?
    (조세호) 날이 더우니까 시원한 거 먹으면 어떨까요? 평양냉면 어때요?
    (유재석) 나도 평양냉면 좋아하는데, 사실 어제 먹었어.
    (조세호) 아. 그러세요? 그럼 콩국수는 어떠세요?

(유재석) 콩국수는 내가 느끼해서 못 먹어.
(조세호) 그럼 시원한 판모밀은 어떠세요?
(유재석) 자기야. 이제 가을이 오고 있잖아.
(조세호) 그럼 뭐 전어 드시러 가시게요?
(유재석) (웃음) 자기야, 서로 맞춰가자는 거잖아. 그건 어떨까?
(조세호) (포기한 듯) 그럼 그걸로 하시죠.

마지막에 메뉴도 듣지 않고 "그걸로 하시죠"라고 말하는 조세호를 보면서 순간 빵 터졌던 기억이 난다. 그러면서 한편으로 우리가 회사에서 매번 겪는 장면과 묘하게 닮았다는 생각이 들었다. 뭐만 얘기하면 안 된다고 하고, 결국 자기 뜻대로 하는 상사 앞에서 답답함을 느끼는 직장인들의 슬픈 자화상 같다고나 할까? 왠지 모르게 직장인들의 비애가 느껴지는 장면이었다.

회사에서 모든 일을 혼자 생각하고 결정할 수 있다면 얼마나 좋을까? 하지만 현실은 그렇지 않다. 회사에서는 작은 업무부터 큰 프로젝트까지 항상 보고하고 허락을 받아야 한다. 회식 장소를 정하는 사소한 일부터, 비품 구매, 사업 계획, 프로젝트 추진에 이르기까지 모든 과정에서 보고가 필요하다. 그리고 그 대상은 다름 아닌 팀장, 본부장, 임원, 사장 등 이른바 상사라고 불리는 사람들이다. 문제는 이 상사들이 보고를 어렵게 하는 몇 가지 고유한 특성(?)을 갖고 있다는 점이다.

첫째, 업무 지시가 명확하지 않은 상사가 있다. 이런 사람들은 맥락 없이 자기 할 말만 하거나, '말 안 해도 알지?'라는 태도로 방임하는 경우가 많다. 불분명하게 지시해놓고도 정확한 보고를 기대하니, 보고하는 입장에서는 답답할 수밖에 없다.

둘째, 이랬다가 저랬다가 생각이 바뀌는 상사도 있다. 처음에는 A를 하라고 지시했다가 A'로 변경하라고 하거나, 심한 경우 A가 아닌 B나 C로 변경하는 경우도 있다. 도무지 어느 장단에 춤을 춰야 할지 갈팡질팡하다가 시간만 날리고 야근할 일만 남는다.

셋째, 소위 답정너(답은 정해져 있고 너는 대답만 하면 돼) 상사도 있다. "뭐가 좋겠어? 아이디어 좀 가져와봐"라고 질문 비슷한 것을 하기는 하지만, 결국 하고 싶은 게 정해져 있는 사람들이다. 아무리 좋은 의견을 보고해도 초지일관 No라고 답변하는 상사 앞에서 오늘도 넵무새(넵만 반복하는 직장인을 이르는 말)로 살아갈 수밖에 없다.

넷째, 보고를 준비하고 있으면 이것저것 추가 사항을 지시하는 상사도 있다. 물론 일을 제대로 하기 위해서 그러는 거지만,

보고를 준비하는 입장에서 이것저것 추가 사항이 끼어들면 정리가 안 되고, 무엇보다 보고 시간을 맞추기 힘들어진다.

[보고가 힘든 건 내 탓이 아니라, 상사 탓이다.]

그렇다. 여러분들의 보고가 어려운 이유는 여러분들이 부족해서가 아니다. 모두 상사 탓이다. 그 분들 때문에 보고가 어렵고, 스트레스를 받는다. 그럼 어떻게 하면 될까? 그분들께 찾아가서 이렇게 말하면 되지 않을까?

"업무 지시 좀 명확하게 해주세요."
"이랬다저랬다 하지 마세요."
"오픈 마인드로 제 의견도 좀 수용해주세요."
"일은 하나씩만 주세요."

혹시 위와 같은 말을 받아들이는 상사나 이를 허용하는 조직 문화를 가진 회사가 있다면, 그 회사는 평생 직장으로 삼아도 좋다. 대한민국에 흔치 않은 열린 조직이니 말이다. 하지만, 안타깝게도 위와 같이 말할 수 있는 회사는 거의 없다. 있다고 하더라도 그렇게 말할 수 있는 용기 있는 직장인도 흔치 않을 것이다. 대신, 하고 싶은 말은 「속」으로 삼키고 「겉」으로는 아무렇지 않은 얼굴로 보고를 준비할 뿐이다.

[남 탓하면 쳇바퀴, 내 탓하면 그나마 한 바퀴.]

상사 탓을 하고 그들이 변하기를 기대한들 이는 희망고문일 뿐이다. 상사들은 절대 바뀌지 않는다. 또한 남을 바꾸려고 하면 결국 스트레스를 받는 것은 나 자신일 뿐이다. 차라리 길고 지루한 시간을 버티기 위해서 하루라도 빨리 내가 바뀌는 편이 낫다. 즉, 질문을 바꿔보는 것이다.

"상사가 대충 말해도 의도를 제대로 파악할 수 있는 방법이 있을까?"

"자꾸 생각이 바뀌는 상사에게 대처할 수 있는 방법은?"

"자기 생각이 옳다고 주장하는 상사를 설득하려면?"

"계속해서 요청하는 상사의 업무 지시에 효과적으로 대처하려면?"

위 질문에 대한 답을 하나씩 찾아가다 보면, 어느 순간 여러분의 보고 실력도 자연스럽게 향상될 것이다. 그렇다면 그 답은 어디에서 찾을 수 있을까? 여러 가지 방법이 있겠지만, 상사들이 평소에 보고를 받으며 하는 피드백에서 실마리를 찾을 수 있다. 특히, 부정적인 피드백의 이면을 잘 들여다보면, 보고에서 무엇을 보완해야 할지에 대한 중요한 힌트를 발견할 수 있을 것이다.

이제 두 번째 질문을 이어가도록 하자. "상사들은 내 보고에 대해 어떤 불만을 가지고 있을까?"

3. 상사의 피드백에서 길을 찾다

「지피지기 백전불태(知彼知己 百戰不殆)」라는 말이 있다. 《손자병법》의 〈모공〉편에 나오는 말로, 적을 알고 나를 알면 백 번 싸워도 위태로움이 없다는 뜻이다. 이 말을 한 번도 들어보지 않았거나 그 뜻을 모르는 사람은 아마 없을 것이다. 그럼에도 불구하고 이 말을 인용한 이유는 그 순서에 주목했기 때문이다. 보통 우리는 「나를 아는 것」이 먼저라고 생각하기 쉽지만, 손자는 「지기지피(知己知彼)」가 아니라 「지피지기(知彼知己)」, 즉 적을 먼저 아는 것이 더 중요하다고 강조했다. 보고를 한 판의 전쟁이라고 생각하고, 같은 방식을 보고에 적용해보면 어떨까?

"내가 뭐가 부족할까?"

"내가 무슨 말을 해야 할까?"

"내가 어떻게 보고를 해야 할까?"

위와 같은 고민도 중요하지만, 이는 잠시 넣어두고 화살을 적(?)에게 돌려보는 것이다. 과연 적(?)들은 내 보고에 대해서 어떤 생각을 가지고 있을까? 좀 더 정확하게는 어떤 불만을 가지고 있을까?

보고에 대한 상사들의 대표적인 불만 유형을 열 가지로 정리하고, 간단한 대응 방법을 함께 적어보았다.

상사의 불만 유형과 대응 방법

상사의 불만 유형	상사의 반응	대응 방법
1. 핵심 없이 장황한 보고	"결론이 뭐야?" "중요한 건 왜 빼먹지?"	불필요한 내용이나 배경 설명은 간단히 하고, 핵심이나 결론부터 보고한다.
2. 체계적으로 정리하지 않은 보고	"뭐가 이리 복잡해?" "큰 틀로 정리 좀 하면 안되나?"	보고 내용을 체계적으로 정리하고, 구조화된 보고를 한다.
3. 불명확한 표현	"이게 정확히 무슨 뜻이야?" "뭐가 이렇게 애매해."	구체적인 표현을 사용하고, 숫자나 사례를 통해 내용을 명확히 표현한다.

시작하며

4. 중간보고를 하지 않는 경우	"이걸 왜 지금 이야기하지?" "이거 방향성이 바뀌었는데…"	업무 진행 상황을 정기적으로 보고하고, 상사의 피드백을 받는다.
5. 준비가 부족한 보고	"준비도 부족해 보이고, 자신감도 없으면서 나한테 보고하러 왔어?"	자신감은 철저한 준비에서 나온다는 생각으로, 보고 전에 충분히 고민하고 준비해서 보고한다.
6. 상사의 의도를 파악하지 못함	"내가 뭘 듣고 싶어하는지 모르고 있네." "내가 생각한 의도랑은 다른데."	보고 전에 질문이나 협의를 통해 상사의 요구 사항과 관심사를 명확히 파악한다.
7. 논리적으로 연결되지 않는 보고	"앞뒤가 안 맞잖아." "근거 있는 이야기야?"	보고 내용을 논리적으로 연결하고, 객관적인 근거를 제시한다.
8. 문제 해결책 제안 부족	"문제가 생겼으면 해결 방안을 같이 가져와야지." "나보고 어쩌라고. 본인 생각은 없는 거야?"	문제를 보고할 때는 해결 방안을 최소 두 가지 이상 제시한다.
9. 시간을 고려하지 않는 보고	"지금 좀 바쁜데, 꼭 지금 이야기해야 되나?" "시간 없으니까 핵심만 이야기해봐."	상사의 스케줄과 감정 상태를 파악하고, 적절한 보고 타이밍을 잡는다.
10. 추가 질문에 대한 답변 부실	"그건 왜 그렇게 된 거지?" "○○팀 협조는 확보한 건가?"	예상 질문 리스트를 작성하고, 사전에 답변을 준비한다.

지금까지 보고에 대한 상사들의 대표적인 불만을 열 가지 유형으로 정리하고 대응 방법을 살펴보았다. 하지만, 어딘지 모르게 아쉬움이 남는다. 사실, 위에 제시한 내용 이외에도 상황이나 상사의 성향에 따라 좀 더 다양한 불만이 나올 수 있기 때문이다. 또한, 솔루션으로 제시한 내용들이 다소 모호하고 구체적이지 못하다. 대충 뭔지 느낌은 오는데, 구체적으로 어떻게 해야 할지에 대한 답으로는 부족해 보인다.

  이제 마지막 질문을 던져야겠다. "공식처럼 딱딱 떨어지고, 실무에 바로 적용 가능한 구체적인 보고 방법에는 어떤 것들이 있을까?" 이제, 본격적으로 그 답을 찾아보도록 하자.

Chapter 1
이슈 보고

문제에는 해결책을 묶어서 보고한다

1. 문제가 아니라, 문제만 말하는 것이 문제

가끔 드라마를 보다 보면, 드라마의 주인공 못지않게 가슴이 덜컥 내려앉는 순간이 있다. 드라마에 자주 등장하는 장면의 하나인데, 본부장이나 실장님 정도 되는 주인공에게 부하직원이 다급하게 뛰어 들어오면서 이렇게 말한다.

"실장님. 큰일 났습니다."
"본부장님. 문제가 좀 생겼습니다."
"일에 차질이 좀 생겼습니다."

가만히 듣고 있던 주인공은 상황을 냉철하게 분석하고 대안을 고민해서 업무를 지시한다.

하지만, 현실은 결코 드라마가 아니다. 우선, 회사에서는 드라마 속 비주얼을 가진 본부장님을 찾아볼 수 없다. 또한, 위와 같이 보고하는 상황에서 친절히 들어주고 냉철하게 판단해서 대안을 제시하는 상사도 없다. 현실 직장에서는 세상 걱정을 혼자 짊어진 듯한 얼굴 표정을 하고, 온갖 짜증을 내는 본부장님만이 존재할 뿐이다.

"그래서 나보고 어쩌라고?"
"자네 생각은 없는거야?"

글로 써놓고 보니 별것 아닌 것처럼 느껴지지만, 평소 무섭고 어려운 상사가 인상을 찌뿌리며 내게 짜증내는 말투로 이렇게 말한다고 상상해보라. 상황의 심각성을 충분히 짐작할 수 있을 것이다.

그렇다면 상사들은 문제만 보고하는 상황에서 왜 역정을 내고, 짜증 섞인 반응을 하는 걸까? 왜 선생님이나 부모님처럼 친절하게 알려주지 않는 걸까?

1) 문제만 보고하면 부정적 감정이 증폭되기 때문

문제 상황만 강조되면 상사는 본능적으로 부정적인 감정에 빠지게 된다. 해결책이 함께 제시되면 '어떻게 해결하면 될지' 방법에 집중할 수 있지만, 문제만 보고하면 '왜 이런 문제가 발생했는지' 문제에 집중하게 되어 불필요한 감정 소모가 커진다. 자연스레 부정적인 감정을 해소할 대상을 찾게 되고, 마침 바로 앞에 서 있는 보고자에게 비난의 화살을 날리게 되는 것이다.

2) 책임을 떠넘기는 태도로 보이기 때문

문제를 해결하려는 노력 없이 단순히 상황만 보고하면, 상사는 '이 직원은 자기 일에 대한 주인의식이 없구나'라고 판단한다. 결국 문제 해결의 부담이 상사에게 전가되는 것처럼 느껴져 불편함을 느끼게 된다. 보고하는 사람 입장에서는 '문제를 공유한 것'이라 생각할 수 있지만, 상사 입장에서는 '책임을 미룬다'고 받아들일 가능성이 크다.

3) 시간과 에너지를 소모하기 때문

문제만 보고하면 상사는 직접 해결책을 고민해야 한다. 하지만 상사도 여러 가지 업무를 동시에 처리해야 하고, 빠른 의사결정이 요구되는 상황이 많다. 직원이 해결책까지 고민해서 보고하면 의사결정 부담이 줄어드는데, 문제만 던져놓으면 상사가 직접 해결해야 하므로 짜증이 날 수밖에 없다.

물론 문제 상황을 빨리 공유하고 상사와 의논하려는 습관은 칭찬받아 마땅하다. 하지만, 여러 가지 업무로 고민이 많고 머릿속이 복잡한 상사는 늘 평온한 상태를 원하기 마련이다. 상사의 머릿속을 더 복잡하게 만들 심산이 아니라면, 문제에는 해결책을 함께 묶어서 보고하는 것이 좋다.

[문제만 → 문제 + 해결책]

이때, 상사가 원하는 것은 완벽한 정답이 아니라 실무자로서의 책임감이다. 최소한 한번쯤은 실무자가 스스로 생각한 의견을 기대하는 것이다. 그러니, 문제 상황 앞에서 잠시라도 고민해보고 해결책과 함께 보고하면 어떨까?

"팀장님, 공장 가동 일정에 차질이 생겼습니다. 다만 생산 관리팀에 업무 협조를 얻어 2일 정도 추가 인원을 투입하면 해결이 가능할 것 같습니다. 비용 추가 이슈가 발생하기는 하지만, 지금으로서는 이 방법이 최선입니다."

"팀장님, A고객사가 납품된 제품의 품질 문제로 컴플레인을 제기했습니다. 우선 동일 제품을 받은 다른 고객사에도 유사한 문제가 있는지 확인했는데, 추가 불만은 없었습니다. 품질관리팀과 논의한 결과, 초기 생산분에서만 발생했을 가능성이 높습니다. A고객사에는 즉시 교체 조치를 하고, 혹시 모르니까 동일 제품을 납품받은 고객사에도 샘플 조사를 진행해보도록 하겠습니다."

드라마로 시작했으니, 마무리는 영화 속 한 장면으로 해보려고 한다. 수많은 명장면과 명대사를 남긴 〈타짜〉라는 영화인데, "손은 눈보다 빠르다", "묻고 따블로 가" 등과 함께 명대사로 꼽히는 장면이 있다. 건달 두목 곽철용(김응수 분)과 함께 차를 타고 가던 운전기사가 이렇게 묻는다.

"회장님 올림픽대로가 막히는 것 같습니다."
"마포대교는 무너졌냐? 이쒜끼야!"

만약, 운전기사가 이 책을 봤다면 이렇게 보고하지 않았을까?
"회장님 올림픽대로가 막히는 것 같습니다. 네비게이션을 보니 마포대교로 우회하면 5분 정도 일찍 도착할 것 같습니다. 마포대교로 돌아가겠습니다."

물론, 영화 속 명대사는 사라졌겠지만 운전기사는 회장님의 인정을 받지 않았을까 생각해본다.

2. 보고의 순간, 생각의 폭을 확장하라

어느 날 중요한 프로젝트가 끝나고 회식 자리가 마련되었다. 한껏 기분도 내고 맛있는 것도 먹고 싶은 마음에 기대하고 갔는데, 갑자기 팀장님이 분위기를 싸하게 만드는 한마디를 날린다. "오늘 메뉴는 삼겹살에 소주로 통일하지."

소고기까지는 아니더라도 항정살이나 껍데기 정도는 먹고 싶은데, 소맥 한 잔 정도는 말아 먹어야 회식인데, 선택권을 박탈당하는 순간 회식을 시작하기도 전에 집에 가고 싶은 생각이 간절해진다.

비슷한 일은 보고 상황에서도 벌어진다. 문제 상황에 한 가지 해결책을 고민해서 가져가면 상사 입장에서는 선택권이 없다고 생각하며 보고를 받을 기분이 나지 않는다. 이내 머릿속이 복잡해지며 "이게 최선이야? 다른 방법은 없어?" 하고 대놓고 물어

보며 보고 내용을 전면 부정하거나, "좀 더 고민해봅시다"와 같은 말로 결정을 차일피일 미루고 일이 더디게 진행되게 만들 수도 있다.

물론 이런 상사들이 원망스럽고, '그럴 거면 당신이 생각해보든가?' '일을 또 뭉개고 있네', '의사결정 속도가 느리네'라고 불만을 품을 수 있다. 하지만, 상사 입장에서는 나름의 이유가 있을 수 있다.

1) 의사결정권을 유지할 수 있기 때문

상사는 의사결정자이므로, 선택지가 많을수록 자신이 결정권을 행사할 여지가 커진다. 하나의 해결책만 제시하면, 마치 직원이 결론을 이미 정해놓은 것처럼 느껴져 자신의 권위가 위협(?)받는다고 느낄 수 있다.

2) 조직 내 협의를 원활하게 할 수 있기 때문

상사는 다른 부서, 실무진, 고객사 등 다양한 이해관계자와 협의해야 한다. 이 과정에서 하나의 해결책만 제시하면 논의가 원활하지 않을 수 있다. 또한, 상사 역시 윗선에 보고하고 설득해야 하는데, 한 가지 대안만으로는 설득력이 부족할 수 있다.

3) 위험 분산 및 유연한 대응이 가능하기 때문

한 가지 해결책은 실패했을 때 대안이 없지만, 복수의 해결책이 있으면 상황에 따라 유연하게 대응할 수 있어 안심이 된다. 책임지는 자리에서는 늘 플랜 B를 고민하기 마련이다.

이와 같은 상사들의 상황과 입장을 이해하고, 가능하면 2~3개 복수의 대안을 제안하여 상사가 선택할 수 있는 기회를 주는 것이 좋다. 이때, 각 대안의 특성을 비교 분석하여 제시하면 좋은데, 직접 비교법과 가중치 비교법을 주로 활용한다.

예를 들어 팀 워크숍을 진행해야 하는데 사내 회의장소를 사용할 수 없는 문제 상황에서 보고하는 장면을 가정해보자.

"팀장님, 현재 사내 회의실은 모두 예약이 완료된 상태입니다. 어쩔 수 없이 외부 회의 장소를 대여해야 하는데요, 제가 몇 가지 대안을 준비해봤습니다."

이때 중요한 것은 단순히 선택지만 늘어놓고, 결정은 상사에게 미뤄서는 안 된다는 점이다. 상사를 선택 피로 상황으로 몰아가지 말고, 마지막에 살포시 자신의 의견을 더해서 보고해야 한다.

"외부 장소 A와 B를 검토해봤는데, 제가 생각했을 때 워크숍의 효과성을 높이기 위해 다소 비용이 발생하더라도 A가 좀 더 좋다고 생각합니다."

직접 비교법

구분	A장소	B장소
비용	50만원/일	30만원/일
장점	사무실 기준 도보 5분 프로젝트 화질 고해상 음료 무료제공	사무실 기준 도보 12분 A장소 대비 10평이상 넓은 공간 주차 공간 여유
단점	고비용 주차 불가	저비용 별도 서비스, 부대시설 없음

가중치 비교법

구분	시설 (0.3)	비용 (0.5)	접근성 (0.2)	편의성 (0.2)	총점
A장소	3	3	4	4	3
B장소	4	4	5	3	4
C장소	3	3	4	4	3.4

물론, 이때 팀장님이 내 의견을 받아들이지 않고 비용을 최소화하기 위해 B로 결정해도 상관없다. 비록 내 의견은 수용되지 않았지만, 팀장님이 최선의 선택을 할 수 있도록 돕는 것까지가 보고자의 임무이기 때문이다. 또한, 보고 과정에서 나의 정보 수집력과 문제 해결력을 보여준 것만으로 충분히 가치 있는 보고였다고 생각할 수 있다.

　상대방에게 선택지를 제공하는 것은 보고 스킬의 일종이기도 하지만, 일상의 관계를 윤택하게 해주는 방법이다. 둘이 함께 중국집에 가서 "나 짜장 먹을 거니까 너는 짬뽕 먹어!"라고 말하는 친구가 있다면, 다시는 그 친구와 밥을 먹고 싶지 않을 것이다. 친구 사이에 자기 뜻대로 하라고 선택을 강요하는 건 있을 수 없는 일이다. 대신 이렇게 말해보면 어떨까?

　"나는 짜장면 먹을 건데 넌 뭐 먹을 거야? 이 집 굴짬뽕이랑 볶음밥이 맛있는데 굴을 통영에서 직접 공수해 온대. 굴짬뽕 괜찮다고 하더라. 굴짬뽕 먹을래?"

　보고의 순간, 좀 더 고민해서 다양한 선택지를 마련하고 상사에게 선택권을 넘겨주면 어떨까? 보고의 질도 올라가고 상사와의 관계도 매끄러워질 것이다.

3. 마침표가 아닌 물음표로 마무리한다

요즘은 가는 곳마다 주차난이 심각하다. 내가 사는 아파트도 주차문제로 늘 골머리를 앓고 있다. 다행히 아파트에서 이중주차를 허용해주기는 했지만, 가끔씩 걸려오는 주차 관련 전화로 스트레스를 받기도 한다. 그리고 가끔 그 스트레스를 치솟게 만드는 경우가 있다.

"저기요. 차 좀 빼주세요."

물론, 따지고 보면 이중주차를 한 내 잘못이라고 할 수 있지만, 어쩔 수 없는 상황에서 꼭 이렇게 명령조(?)로 말할 필요가 있나 싶다. 반면, 같은 말인데도 조금 더 친절하게 말하는 주민도 있다.

"저기요. 차 좀 빼주시겠어요?"

같은 상황이지만, 이렇게 말하는 경우에는 뭉그적거리지 않고 기분 좋게 내려가서 차를 빼주고 싶은 마음이 생긴다.

두 가지 말 모두 전하는 메시지는 같다. 하지만 말끝을 마침표로 했는지, 물음표로 했는지에 따라 전해지는 느낌이 달라진다. 정말, "아" 다르고 "어" 다르다는 말을 실감하게 된다.

이처럼 말끝을 마침표가 아니라 물음표로 하는 화법을 레이어드 화법(Layered Communication)이라고 한다. 질문을 통해 여러 층(Layer)을 쌓아가며 의견을 이끌어내는 방식이라고 해서 붙여진 이름이다.

이 화법을 보고의 순간에 적용해보면 어떨까? 아무리 보고 내용이 좋아도 단정적으로 결론짓는 방식으로 마무리하면 상사 입장에서 기분이 상할 수도 있다. 소위 말하는 꽤씸죄에 해당할 수 있다.

'그래 네가 그렇게 똑똑해?' '네가 다 결정하고 나는 따르기만 하면 되는 건가?'라는 생각에 보고 내용을 거부하거나, 안 해도 되는 추가 질문을 하여 보복(?)을 할 수도 있다. 혹은 그 자리에서는 보고 내용을 수락하더라도 꿍한 마음에 '다음에 두고 보자'라고 생각할 수도 있다.

이런 불상사를 방지하기 위해 「마침표」를 「물음표」로 바꿔서 상사의 허락이나 의견을 구하는 말을 추가하면 된다.

"현재 브로슈어 디자인 작업 일정이 예상보다 일주일가량 지연되고 있습니다. 사전에 인쇄소와 협의해서 미리 일정을 예약해두고 시안이 나오는 대로 바로 인쇄 들어가면 행사 전에 충분히 준비가 가능할 것 같습니다"로 끝내는 것이 아니라, 아래와 같은 내용을 포함하는 것이다.

① 허락을 구하는 질문

- 이대로 진행해도 괜찮을까요?
- 팀장님께서도 동의하시나요?

② 의견을 구하는 질문

- 혹시 팀장님께서 생각하시는 다른 방법이 있을까요?
- 이 외에 고려해야 할 사항이 있을까요?

보고는 단순한 정보 전달이 아니다. 상대와 함께 고민하고, 더 나은 방향을 찾아가는 과정이다. 단정적인 마침표(.) 대신 열린 물음표(?)를 활용해보면 어떨까? 이렇게 보고의 끝을 마무리하면, 상사는 강요받는 게 아니라 선택한다고 느끼기에 수용력이 올라갈 것이다. 존중받는다는 느낌을 받아서 기분도 좋고, 무엇보다 자신과 함께 고민하면서 답을 찾고자 하는 보고자의 태도에 고마움을 느낄 것이다.

지금까지 총 3개의 글을 통해 이슈 보고 방법에 대해서 알아봤는데, 최근에 겪었던 감동적인 상황을 소개하는 것으로 정리해보고자 한다. 때는 한 달 전, 제주도로 강의를 하러 가는 길이었다. 급하게 김포공항에 도착해 티케팅을 하는데, 아뿔싸! 지갑을 집에 두고 온 것이다. 주로 모바일 결제를 이용하다 보니 지갑을 갖고 다닐 필요가 없었던 게 이런 참사를 불렀다. 하늘이 노래지고, 등에는 식은 땀이 흘렀다. 다급한 마음에 항공사 직원을 찾았다.

"제가 지금 문제가 생겼는데요. 티켓을 발권해야 하는데, 신분증을 안 가지고 와서요…."

잠시 고민하던 직원은 이렇게 설명을 이어갔다.

"손님, 신분증이 없이도 신원을 확인할 수 있는 방법으로는 두 가지가 있습니다. 무인발급기를 이용해서 임시 신분증을 발급하는 방법이 있구요, 정부24에서 어플로 신분증을 다운받는 방법이 있습니다. 그 중에 저는 무인발급기를 추천드립니다. 탑승까지 시간이 얼마 남지 않았으니, 1분 이내로 진행이 가능한 무인발급기가 좋은 것 같습니다. 혹시 괜찮으시다면 그렇게 진행해도 될까요? 제가 도와드릴 수 있습니다."

그야말로 군더더기 하나 없이 완벽한 보고라고 생각한다. 여기에 더 이상의 설명은 불필요하다고 생각한다.

4. 이슈 보고, 이럴 땐 어떻게 해야 할까?

지금까지 이슈 보고 방법에 대해 알아보았다. 간단히 내용을 정리하면 아래와 같다.

① 문제 + 해결책
- 문제 상황이 발생하면 잠시나마 고민해서 담당자(실무자)로서 생각해본 해결책을 함께 보고한다.

② 복수의 대안 + 내 선택
- 2~3개 대안을 고민하고, 대안 평가를 통해 내가 선택한 대안의 우수성을 강조한다.

③ 레이어드 화법
- 상대방의 수용력을 높이는 레이어드 화법을 활용하여 문장 끝을 물음표(?)로 마무리한다.

하지만, 위 내용이 반드시 정답은 아니다. 상황에 따라, 사람에 따라, 보고자의 성향에 따라 다른 방법도 가능할 것이다.

아래 내용은 내가 강의를 진행하면서 교육생들에게 받았던 질문 내용과 그에 대한 답변이다. 이 또한 정답은 아니지만, 여러분 스스로 정답을 찾아가는 데 참고가 되길 바란다.

1) 문제가 생기면 꼭 보고를 해야 하나요? 그냥 제 선에서 해결하면 안 되나요? 상사가 모르게 해결하는 게 능력 아닌가요?

물론 스스로의 힘으로 해결하면 좋은 경우도 있다. 다만, 두 가지 상황을 가정해야 한다. 첫째, 내가 그 문제를 완벽하게 해결할 수 있다고 자신하는 경우이다. 둘째, 그 문제를 상사가 평생 모르고 지나간다고 확신하는 경우이다.

하지만, 생각보다 일은 계획대로 진행되지 않는 경우가 많다. 혼자 끙끙 앓다가 오히려 문제를 키우게 되는 상황도 벌어질 수 있다. 혼자 고민하는 것보다 상사에게 보고한 후 머리를 맞대고 함께 고민하는 편이 나을 것이다.

또한, 회사에는 완벽한 비밀이란 존재하지 않는다. 오히려 다른 경로를 통해서 상사가 내가 숨기고 있는 문제에 대해 알게 된다면 더 큰 문제가 될 수도 있다. 소소한 문제라도 공유하고 보고하는 것이 좋다.

2) 꼭 해결책을 함께 고민해야 하나요?

물론 꼭 그런 것은 아니다. 생각할 시간이 없거나 즉시 대처가 필요한 상황에서는 문제만 빠르게 보고하는 것도 가능하다. 긴급 사태, 사건 사고 또는 지체하면 문제가 커질 수 있는 것들은 일단 문제 상황 자체를 공유하는 것만으로 충분한 보고가 될 수 있다. 단, 이럴 경우에는 보고의 마지막에 향후 보고 계획을 추가적으로 언급하는 것이 좋다.

3) 대안은 몇 가지가 좋은가요?

한 가지 대안보다 여러 개의 대안을 제시하는 것이 좋다고 앞서 설명하였다. 이때 대안의 개수가 너무 많아도 좋지 않다. 상사를 선택 피로 상황으로 몰아갈 필요는 없기 때문이다. 확실한 대안 1개, 보조 대안 1개 정도가 적당하다고 생각하며, 최대 3개를 넘지 않는 것이 좋다.

4) 선조치 후보고는 안 되나요?

사실 추천하고 싶은 방식은 아니다. 다만, 상황이 긴박하고 상사에게 보고할 수 있는 여건이 안 될 경우 신속하게 대처하고 사후 보고를 진행할 수 있다. 이 경우에는 조치가 끝난 후 경과와 함께 선조치를 할 수밖에 없는 이유에 대해 부연 설명을 하는 것이 좋다. 또한, 나중에 같은 상황이 반복되지 않도록 사전에 상사와 선조치가 가능한 범위나 기준에 대해서 합의해두는 것도 좋은 방법이다.

Chapter 2
아이디어 보고

생각한 순서가 아니라, 상대방이 궁금해하는 순서

1. 주절주절 장황하게 말하지 말고, 결론부터 간결하게

"모든 사람은 죽는다.
소크라테스는 사람이다.
그러므로 소크라테스는 죽는다."

연역법, 삼단논법 등의 복잡한 이야기는 하지 않더라도, 위의 세 문장은 누구나 살면서 한 번쯤 들어보았을 것이다. 이는 고대 그리스 철학자 아리스토텔레스가 정립한 논리적 사고방식으로, 여러 가지 사실로부터 하나의 결론을 도출하는 효과적인 방법이다. 문제를 해결하고, 기획을 세우고, 아이디어를 도출할 때 매우 유용한 사고법이다.

[사고와 화법은 다르다.]

하지만, 논리적으로 생각하는 것과 논리적으로 말하는 것은 전혀 다른 영역이다. 사고는 여러 가지 사실과 정보를 토대로 추론을 통해 하나의 결론에 이르는 순서를 따른다. 하지만, 사고 과정 그대로 상대방에게 전달한다면, 상대방은 장황한 설명 앞에 집중력이 분산되고 핵심을 놓치기 쉽다. 생각한 순서가 아니라, 그 순서를 뒤집어서 생각의 결과를 먼저 말하는 것이 좋다.

위의 내용에서도 "모든 사람은 죽습니다. 소크라테스는 사람입니다. 그러므로 소크라테스는 죽습니다."라고 말하면, 듣는 사람은 끝까지 들어야 핵심을 이해할 수 있다. 하지만, 순서를 뒤집어서 "소크라테스는 결국 죽습니다. 왜냐하면, 그는 사람인데 모든 사람은 죽기 때문입니다."라고 하면 훨씬 직관적이고 전달력이 좋아진다.

위의 예시는 세 문장으로 구성된 간단한 예시이기에 크게 복잡하다고 생각하지 않을 수 있다. 하지만, 회사에서 하는 보고의 내용은 그리 간단하지 않다. 예를 들어, ○○막걸리 회사의 팀 회의 장면을 가정해보자. 회의 시간에 팀장님이 가볍게 화두를 던진다.

"우리 주요 고객층이 40~50대에 한정되어 있어서 시장 확대에 한계가 있잖아. 요즘 MZ, MZ 하는데 이들을 막걸리 시장으로 끌어들이기 위한 좋은 상품 없을까?"

가볍게 던진 화두치고는 회의장 분위기가 무겁게 가라앉아 버렸다. 팀원 모두 '나만 아니면 돼'라는 생각으로 팀장님의 시선을 피하고 있는데, 순간적인 실수로 김대리가 팀장님과 눈을 마주쳤다.

"그래. 그럼 김대리가 먼저 이야기해볼까?"

김대리는 잠시 머뭇거리다, 평소 가지고 있던 아이디어를 조심스럽게 꺼내기 시작했다.

"요즘 젊은 소비자들은 술을 마실 때 단순히 맛뿐만 아니라 경험과 비주얼적인 요소를 중요하게 생각합니다. 이를 반영하듯 최근 디저트 시장에서도 독특한 재료와 화려한 비주얼을 강

Part 1 보고 내용

조한 제품들이 꾸준히 인기를 얻고 있으며, SNS에서는 사진 찍기 좋은 음식 비주얼이 고객들의 선택에 큰 영향을 미칩니다. 또한, 통계적으로도 젊은 소비자들은 단맛이 가미된 제품을 더 선호한다는 조사 결과가 있습니다. 단짠단짠이 대세가 된지도 이미 오래…."

여기까지 듣고 있던 팀장님이 김대리를 멈춰 세운다.
"다 좋은데 김대리. 하고 싶은 말이 뭐야?"

당황한 김대리가 말을 이어간다.
"네 팀장님. 그러니까 제 말은 여러 가지 상황을 고려할 때 막걸리 시장에도 이러한 트렌드에 맞는 차별화된 시도가 필요하지 않을까 생각합니다. MZ세대가 SNS를 많이 하고…."

이번에는 팀장님이 오래 기다려주지 않는다.
"다 좋은데, 결론이 뭐냐고?"

순간 분위기가 얼어붙고, 당황한 김대리가 소심하게 마지막 한마디를 내뱉는다.

"그러니까 제 말은 솜사탕 막걸리 같은 것을 한번 출시해보면 좋을 것 같다는 얘기였습니다."

아이디어가 나쁘지는 않아 보인다. 하지만, 이미 팀장님의 머릿속에서는 앞서 들은 배경이나 상황 설명이 지워진 지 오래다. 논리적인 개연성이 떨어진다고 판단한 끝에, 결국 입 밖으로 험한(?) 말이 튀어 나간다.
"제정신이야? 솜사탕이 가당키나 해?"

만약 이 상황에서 김대리가 조금 더 영민하게 결론부터 보고했다면 어땠을까?
"저는 솜사탕 막걸리 출시를 적극 추진해보는 게 좋다고 생각합니다. 요즘 젊은 소비자들은 단맛을 선호하고, 독특한 비주얼을 가진 제품에 관심이 많습니다. 솜사탕은 이미 디저트 시장에서 달콤한 맛과 독특한 향으로 사랑받고 있는 재료인데, 이를 막걸리에 접목하면 젊은 소비자들의 호기심을 자극할 수 있습니다. 특히, 솜사탕 막걸리는 비주얼적으로도 독특해 SNS에 사진을 올리기 좋아하는 MZ세대에게 관심을 받을 가능성이 높습니다. 막걸리 시장에서 새로운 성장 동력을 만들고 젊은 세대를 공략하기 위해 적극적으로 추진해보면 좋겠습니다."

팀장님이 원하는 답을 먼저 제시하고, 그렇게 생각한 이유와 사실적인 근거를 순차적으로 제시하니 논리적이고 간결해 보인다. 팀장님이 솜사탕 막걸리 출시를 거부할 이유가 없어 보인다. 최소한 "그래 한번 고민해보자"라는 긍정적인 피드백 정도는 받지 않았을까?

이처럼 자신의 의견이나 아이디어를 보고하는 순간, 결론부터 이야기하는 순서를 따르면 상대방 입장에서 세 가지 장점이 생긴다.

결론부터 말하는 두괄식 보고의 장점
① 상대방은 가장 중요한 내용을 먼저 알게 되어 효율적이다.
② 뒤에 나오는 내용이 결론과 얽히면서 메시지가 한 방향으로 흐른다.
③ 상대방의 생각이 다른 데로 분산되지 않고, 처음부터 끝까지 관심 있게 보고 내용을 들을 수 있다.

다시 ○○막걸리 회사로 돌아가보자. 우여곡절 끝에 회의가 마무리되고, 팀원 전체가 식사를 하러 가기로 한다. 팀장님은 회의 시간에 다그친 것이 미안했는지 김대리에게 넌지시 말한다.

"오늘 점심 메뉴는 김대리가 정해봐. 어느 집으로 갈까?"

"아 그럴까요? 제가 보니까 회사 뒷골목 사거리에 할매 순대국밥집이 생겼더라구요. 국물도 진하고, 건더기도 실하고. 그 집 깍두기가 진짜 예술이더라구요. 제가 일주일 전에 한 번 가봤는데…."

여기까지 들은 팀장님. 왠지 모르게 회의 시간의 모습을 다시 보는 듯하다. 팀장님은 결국 김대리의 말을 끊는다. 대신 이번에는 조금 부드럽게, 이렇게 이야기한다.

"그러니까 김대리, 뭐 먹으러 갈 거냐고? 할매 순대국밥 가자는 이야기야?"

아직 갈 길이 멀어 보이는 김대리에게 특단의 조치가 필요할 것 같다. 다음 글에서 구체적인 방법론을 알아보도록 하자.

2. PREP으로 정리해서 보고하자

아직까지 감을 잡지 못하는 김대리를 위해 이번 글에서는 결론부터 말하는 가장 강력한 말하기 프레임인 「프렙(PREP)」을 소개한다. PREP은 Point(결론), Reason(이유), Example(근거), Point(결론 재강조)의 앞 글자를 따서 만든 축약어이다. 한마디로 결론 – 이유 – 근거 순서로 말하고, 마지막에 수미쌍관 방식으로 재차 결론을 강조하면서 마무리하는 방법이다.

가장 효과적인 말하기 프레임 PREP

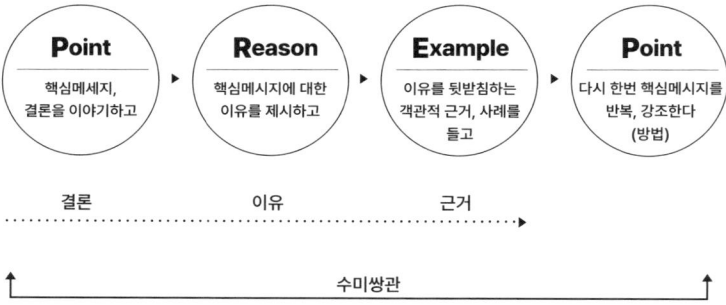

PREP은 효과적인 사고의 틀이자 말하기 프레임이다. 머릿속에 저장해두면 별도로 말하기 순서나 논리 구조를 고민할 필요 없이, 그 안에 내용만 채워서 자연스럽게 말하면 된다. 게다가 복잡하지 않고 간결하기까지 해서, 몇 번만 의식적으로 따라 해보면 쉽게 익히고 활용할 수 있다.

PREP을 좀 더 효과적으로 활용하기 위해서는 다음 세 가지 사항을 주의해야 한다.

1) 결론 정하기

보고의 서두에 위치하는 것은 결론이다. 하지만, 아무 말이나 막 갖다붙인다고 그게 결론이 될 수는 없다. 결론으로서 자격을 갖추어야 한다. 다음 세 가지 방법을 통해 확인할 수 있다.

결론의 자격 조건
① 생각이나 일의 과정이 아니라, 과정을 통해 도출한 최종 판단이나 의견
② 상대방의 질문에 대한 답이나 상대방이 가장 알고 싶은 것
③ 한 문장으로 핵심 내용을 요약해야 한다면 반드시 포함될 내용

세 가지 모두 만족하거나, 최소 한 가지 이상에 해당하는 내용을 결론으로 삼는 것이 좋다.

2) 이유과 근거의 차이 이해하기

이유와 근거는 맥락상 유사한 의미로 쓰이지만, 사실은 완벽하게 다른 의미를 가지고 있다. '그게 그거 아니야?'라고 생각하고

넘어갈 수 있지만, 보다 완벽한 보고를 위해서는 차이를 명확하게 이해해야 한다.

이유와 근거의 차이

이유	구분	근거
내 입장에서 사실, 뇌피셜	정의	상대방 입장에서 사실, 오피셜
내 머리에서 나오면 이유	출처	밖에서 끌어오면 근거
결론에 대해 '왜 그런지?' 타당성을 설명하는 주관적 또는 추론적인 내용	역할	이유에 대해 '진짜 그런지?'를 증명하는 객관적 또는 사실적인 내용
결론: 할매 순대국밥 가시죠. ↑ 맛있는 집입니다.	예시	이유: 맛있는 집입니다. ↑ 네이버 평점 4.6입니다.

이때, 근거를 다양하게 활용하는 것도 중요하다. 근거는 내가 아닌 상대방이 사실로 인정할 수 있는 객관적인 자료로, 통계·데이터, 논문, 언론, 설문조사, 전문가 의견, 실험 결과 등이 있다. 그중에서 가장 많이 활용하는 근거 유형 두 가지는 「통계·데이터」와 「사례」이다. 통계·데이터는 수치로 증명되기 때문에 신

뢰가 높고 누구나 쉽게 이해할 수 있다. 반면, 사례는 구체적인 상황을 쉽게 설명해주기 때문에 상대방이 직관적으로 내용을 이해할 수 있다는 장점이 있다.

3) 논리적 연결성

PREP을 활용할 때 가장 중요한 것은 결론과 이유, 이유와 근거 간의 논리적 연결성이다. 내용을 대충 갖다붙인다고 논리가 되는 게 아니다. 이유는 결론을 충분히 뒷받침해야 하고, 근거는 이유를 증명하는 내용으로 착착 연결해야 한다. 만약 김대리가 PREP을 어설프게 이해했다면, 아래와 같이 보고했을 것이다.

P(결론) 팀장님, 오늘 점심에 할매 순대국밥 가시죠.
R(이유) 할매 순대국밥은 가성비가 좋은 집입니다.
E(근거) 네이버 평점 4.8(수치),
옆부서 팀장님이 맛있다고 호평(사례)
P(결론) 10분 내로 할매 순대국밥으로 출발하시죠.

위 내용에서 이유는 결론을 뒷받침하는 내용으로 충분하다. 가성비가 좋다는 것은 타당한 이유다. 하지만 근거가 문제다.

근거의 내용이 이유를 증명하지는 않는다. 「네이버 평점이 높다는 것」과 「옆부서 팀장님의 호평 사례」는 가성비가 좋다는 것과는 관련성이 없다.

이렇게 보고하면, 상대방 입장에서는 '가성비랑 네이버 평점이랑 무슨 상관이지? 앞뒤가 안맞네'라고 생각하여 설득력이 떨어지게 된다. 아래 내용과 같이 수정해야 논리적이라고 할 수 있다.

P(결론) 팀장님, 오늘 점심에 ○○순대국밥 가시죠.
R(이유) 진짜 맛집입니다.
E(근거) 네이버 평점 4.8(수치),
옆부서 팀장님이 맛있다고 호평(사례)
P(결론) 10분 내로 ○○순대국밥으로 출발하시죠.

자전거를 처음 탈 때는 넘어질까 두렵고, 중심 잡기도 힘들며, 페달에 발을 올려놓는 것조차 쉽지 않다. 하지만 한 번만 제대로 배워놓으면 다음부터 자전거 타는 법을 의식하고 타는 사람은 없다. 자유롭게 속도와 방향을 조절하고, 주변 풍경을 감상하며, 온전히 자전거 타기를 즐길 수 있다.

PREP도 마찬가지라고 생각한다. 처음에는 어색하고 정해진 틀에 생각을 채워넣기가 어려울 수 있다. 결론을 떠올리고, 이유와 근거의 차이를 구분하며, 논리적 연결성까지 고려해서 말하기가 쉽지 않다. 하지만 꾸준히 PREP으로 생각을 정리하고 보고하는 습관을 들이면 어느 순간부터는 의식하지 않아도 자연스런 논리와 흐름이 만들어지며 효과적으로 보고하는 순간이 찾아올 것이다.

3. PREP이 전부는 아니겠지?

지금까지 주저리주저리 장황하게 말하는 방식이 아닌 결론부터 보고하는 PREP 기법을 소개했다. 이를 간단히 정리하면 아래와 같다.

① **결론부터 두괄식으로 보고하자.**
  – 결론은 핵심 주장으로 상대방이 가장 알고 싶은 것에 대한 답이다.
② **이유과 근거로 뒷받침하자.**
  – 이유는 주관적인 내용으로 결론을 뒷받침하고, 근거는 객관적인 내용으로 이유를 증명한다.

❸ 다양한 근거를 활용하자.

– 상대방이 사실로 인정할 수 있는 통계·데이터, 사례, 논문, 전문가 의견 등 다양한 근거 자료를 활용한다.

PREP이 간결하고 효과적인 방법이기는 하지만, 의견이나 아이디어를 보고하는 데 PREP만이 능사는 아니다. 상황에 맞게, 상대에 맞게 기타 여러 가지 방법을 활용할 수 있다. 구체적으로 다음 세 가지 방법을 추천한다.

PREP의 사촌형제들

1) 구체적인 방법론 제시가 중요할 때, 결근방

PREP의 약점(?) 한 가지를 꼽자면 구체적인 방법론이 빠져 있다는 점이다. 아무리 의견이 좋아도, 구체적인 방법론이 빠지면 설득력이 떨어질 수 있다. 이때, 구체적이고 세부적인 내용을 포함하는 결근방 보고 기법을 활용할 수 있다.

결론은 핵심 주장이고, 근거는 포괄적인 의미로 이유를 포함하는 넓은 개념이며, 방법은 결론의 내용을 실행에 옮기기 위한 구체적인 세부계획(액션 플랜, 액션 아이템 등)에 해당한다.

결근방
① 결론: 핵심 주장
② 근거: 주장을 뒷받침하는 이유와 근거
③ 방법: 주장을 실행에 옮기기 위한 구체적인 액션 플랜(액션 아이템)

앞서 김대리의 솜사탕 막걸리 보고에 결근방 기법을 적용하면 아래와 같이 보고할 수 있다.

(결론) 저는 솜사탕 막걸리를 출시하는 것이 좋다고 생각합니다.

(근거) 최근 젊은 소비자들은 단맛을 선호하며, 색다른 비주얼을 가진 제품에 관심이 많습니다. 솜사탕 막걸리는 비주얼적으로 독특해 SNS 공유가 활발할 가능성이 높아 자연스러운 바이럴 마케팅이 가능합니다.

(방법) 제품 개발은 기존 막걸리의 단맛을 조절하여 솜사탕의

맛과 잘 어울리도록 블렌딩 테스트를 진행하고, 패키지 디자인을 감성적으로 구성해 젊은 소비자 취향을 반영하면 됩니다. 디저트 카페 및 핫플레이스와 협업하여 '솜사탕 막걸리 세트 메뉴'를 구성하고, 인플루언서를 활용한 시음 후기 및 해시태그 캠페인을 전개한 후에 MZ세대가 자주 찾는 편의점 및 온라인 주류 판매 플랫폼 중심으로 유통 확대가 가능하다고 생각됩니다.

2) 반대 의견이 예상될 때, PIE 화법

사람은 누구나 생각이 다르다. 내 주장이나 결론이 상대방의 머릿속에 들어갔을 때 반대 생각이 자리잡고 있으면, 내가 말하는 내용이 한 귀로 들어가서 한 귀로 흘러 나갈 수 있다. 이때, 반대 의견에 선제적으로 대응하면서 내 주장의 설득력을 높일 수 있는 화법이 PIE 화법이다.

PIE 화법
① Point: 결론, 주장
② Issue: 예상되는 반대 의견
③ Effect: 반대 극복 논리 및 기대 효과

사실 이 화법은 기존에 있는 화법은 아니고, 여러 가지 이론과 사례를 조합해서 내가 만든 화법이다. 마치 파이처럼 달콤하고 부드럽게 상대방을 설득하는 전략이 되기를 바라는 마음에서 이름을 PIE(파이)라고 정하였다.

그럼, 이 화법을 적용하여 솜사탕 막걸리에 반감을 가지고 있는 팀장님께 보고를 진행해보자.

(Point) 솜사탕 막걸리를 출시해야 한다고 생각합니다.

(Issue) 물론, 솜사탕과 막걸리 조합이 낯설고 술로 먹는 막걸리에 단맛이 가미된다고 생각하니 거부감이 들 수도 있습니다.

(Effect) 하지만, 요즘 젊은 세대의 구매 패턴을 보면 단짠단짠처럼 단맛을 선호하는 경향이 있고, 음식은 입으로 먹지만 눈으로도 먹는다는 말과 같이 SNS 사진용으로도 음식을 선택합니다. 따라서, 비주얼로 바이럴을 유도할 수 있고, 단맛으로 막걸리의 냄새를 잡을 수 있는 솜사탕 막걸리야말로 MZ세대 취향을 저격할 수 있는 상품이라고 생각합니다.

이처럼, PIE 화법을 활용하면 단정적인 태도가 아니라 열린 자세로 보고한다는 느낌을 전해서 상대방의 수용 능력을 올릴 수 있다. 또한, 보고 내용이 일방적이지 않고 균형 잡혀 있다는 인상을 줄 수 있다.

특히, PIE 화법은 비용이 많이 발생하거나 조직 내에서 새로운 시도를 하는 경우에 효과적으로 활용할 수 있다.

(Point) 이번 프로젝트를 외주로 진행해야 한다고 생각합니다.

(Issue) 일부에서는 외주 비용이 높아질 것을 걱정할 수 있습니다.

(Effect) 하지만, 내부 리소스를 더 중요한 핵심 프로젝트에 집중할 수 있다는 점에서 장기적으로 더 큰 효율을 낼 수 있습니다.

(Point) 사내 보고 프로세스를 디지털화해야 합니다.

(Issue) 물론, 직원들이 새로운 시스템에 적응하는 데 시간이 걸리고 일시적으로 업무 부담이 증가할 수 있습니다.

(Effect) 하지만, 교육 지원을 강화하고 점진적으로 변화를 시도한다면 장기적으로는 보고 속도가 50% 이상 빨라지고 업무 효율도 향상될 것입니다.

3) 주장 이전에 상황 설명이 필요할 때, STAR 기법

지금까지 소개한 화법은 주장을 먼저 제시하는 두괄식 보고 형태였지만, 때로는 충분한 상황 설명이 전제되어야 결론이 통하는 경우도 있다. 이때 활용할 수 있는 화법이 STAR 화법으로 각각 Situation, Task, Action, Result를 의미한다.

다만, 이때도 핵심과제나 실행계획이 강조돼야지 상황 설명이 지나치게 길어지는 것은 경계해야 한다.

(Situation) 현재 상황이 이렇습니다.
(Task) 핵심 과제는 이것입니다.
(Action) 구체적인 실행계획은 이렇게 하려고 합니다.
(Result) 이를 통해, 이런 결과를 만들어낼 수 있습니다.

MZ세대의 특성을 전혀 모르는 팀장님에게 솜사탕 막걸리를 보고하는 김대리의 보고에 STAR 기법을 적용해보도록 하자.

Situation(현재 상황) MZ세대는 달콤한 맛과 독특한 비주얼을 선호하며, SNS 바이럴 효과가 큰 제품이 주목받고 있습니다. 하지만, 현재 저희가 출시하고 있는 전통 막걸리는 이러한 트렌드에 부합하지 않는 상황입니다.

Task(핵심 과제) 이에, MZ세대를 타깃으로 한 솜사탕 막걸리를 출시하고, SNS 마케팅을 통해 브랜드 인지도와 시장 점유율을 확대하고자 합니다.

Action(실행 계획) 단맛과 알코올 함량을 조절해 독특한 맛을 강조하고, 감각적인 패키지 디자인으로 차별화된 제품을 선보일 예정입니다. 또한, 인플루언서를 활용한 마케팅과 디저트 카페와의 협업을 통해 인지도를 확산해 나가겠습니다.

Result (기대 효과) 이를 통해 기존 4050에 한정된 시장을 젊은 층으로 확대하고, 나아가 퓨전 막걸리 시장의 선도자로 장기적인 성장 기반을 구축할 수 있습니다.

　

지금까지 아이디어나 의견을 보고하는 다양한 방법에 대해 알아보았다. 각각 형식도 다르고 중요하게 생각하는 포인트가 다르지만, 한 가지 공통점이 있다. 바로 머릿속에 사고의 「틀」로 저장해야 활용이 가능하다는 점이다. 단순히 알고 넘어가는 것에 그치지 말고 머릿속에 저장해두고 자주 꺼내서 활용하는 것이 좋다는 뜻이다.

나아가, 각 프레임을 충분히 익힌 후에 상황과 사안에 맞게 유연하게 조합한다면 더욱 효과적인 보고가 가능할 것이다. 결국, 다양한 화법을 익혀 자주 활용하는 것만이 보고의 수준을 한 단계 끌어올리는 길이 아닐까 생각해본다.

Chapter 3
업무 보고

일상의 업무 보고에도 루틴을 만들자

1. 업무 보고의 세 가지 유형과 보고 방법

회사 생활을 하다 보면 주간 업무 회의, 월간 회의, 분기 실적 회의 등 정기적으로 회의를 한다. 회사나 팀장 입장에서는 팀내 업무 상황 파악을 위한 중요한 과정이지만, 직원 입장에서는 곤혹스러울 수밖에 없다. 아니나 다를까, 친한 지인 중 한 명은 월요일 부서 회의에 들어갈 때마다 늘 볼멘소리로 말하곤 한다.

"오늘도 빠따 맞으러 들어갑니다."

평소 회의 시간에 빠따 좀 맞아본 사람이라면, 「빠따」가 뭘 의미하는지 충분히 짐작할 수 있을 것이다. 당연히 실제로 빠따를 맞는 것은 아니지만, 그 이상의 심리적인 타격이 있다는 뜻이다.

또 다른 지인은 일요일 저녁만 되면 거의 알레르기 반응을 일으키면서 이런 말을 하곤 한다.

"아. 내일 월요일이네. 월요일 주간 업무 회의 시간에 할 얘기도 없는데, 억지로 짜내서 보고하려니 미칠 노릇이다."

나 역시 회사 다닐 때 월요일 오전 10시에 진행되는 주간 업무 회의가 정말 싫었다. 일단 회의를 준비하느라 시간을 뺏기는 것도 싫었고, 보고하는 업무마다 '감 놔라 배 놔라' 간섭하는 팀장님이 그렇게 싫었다. 하지만, 나 또한 팀장이 되고 나니 그렇게 할 수밖에 없는 이유와 회의의 중요성을 깨닫게 되었다. 어쩌면 일을 하고 회사가 돌아가는 데 필요악(?)은 아닐까 생각해본다. 회사가 없어지지 않는 이상 회의를 없앨 수는 없는 노릇이다.

대신, 그 숨 막히는 회의 시간에 조금이나마 숨 쉴 여유를 주고 부담을 덜어낼 수 있는 방법을 찾는 편이 빠를 듯하다. 그래서 이번 글에서는 회의 시간을 비롯해 일상에서 업무 보고를 좀 더 효과적으로 할 수 있는 방법을 세 가지로 정리해서 소개한다.

물론 회사 성격이나 업무 유형에 따라 보고 내용이나 방법은 달라질 수 있다. 하지만, 결국 모든 일은 시간에 따라 완료한 일,

하고 있는 일, 앞으로 해야 하는 일의 세 가지로 구분할 수 있을 것이다. 따라서 보고의 유형도 자연스럽게 결과 보고, 현황 보고, 계획 보고로 정리할 수 있다.

일상의 업무 보고 세 가지 유형
① 과거(Done) → 결과 보고
② 현재(Doing) → 현황 보고
③ 미래(Will do) → 계획 보고

본격적인 설명은 뒤에서 하기로 하고, 이번 글에서는 우선 각각의 성격과 개략적인 내용을 살펴보도록 한다.

① 결과 보고
- 완료한 업무를 정리하는 보고
- 일의 결과, 성과, 개선점 등
- '무엇을 했는가'보다 '어떤 결과가 나왔는가'가 중요

② 현황 보고
- 현재 진행 중인 업무를 보고
- 진척률, 진행 상황/업무, 완료 예상 일정 등

− 상사의 지원사항, 의사결정을 위한 핵심 포인트를 명확히 전달

❸ **계획 보고**

− 앞으로 해야 할 업무에 대한 보고

− 명분, 구체적인 실행계획, 실질적인 이익

− 실행 가능성과 기대 효과를 강조하면 설득력이 높아짐

요즘 새롭게 생긴 취미 중 하나가 예전 〈개그콘서트〉의 특정 코너 한 가지를 몰아 보는 것이다. 같은 코너를 연속으로 보다 보니 예전에는 몰랐던 흥미로운 사실을 하나 발견할 수 있었다. 바로 개그의 전개 방식과 포맷은 동일하고, 그 안에 들어가는 상황과 내용만 바뀐다는 점이다.

생각해보면 당연한 일이다. 아무리 뛰어난 개그맨이라도 매번 새로운 포맷을 만들어낼 수는 없다. 대신 탄탄한 기본 구조를 만들고, 그 안에서 다양한 소재와 내용을 변주하며 사람들을 웃기고 감동시키는 것이다. 이걸 보면서 문득 '업무 보고에도 같은 방식을 적용하면 어떨까?' 하는 생각이 들었다.

보고를 할 때마다 '어떤 방식으로, 무엇을 보고해야 하지?' 고민하는 것이 아니라, 개그 코너처럼 보고의 기본 루틴을 정해놓고 내용만 바꿔가며 적용하는 것이다. 예를 들어, 결과 보고는

A−B−C로, 현황 보고는 가−나−다로, 계획 보고는 1−2−3으로 보고의 틀을 미리 정해두고, 그 안에서 보고 내용만 변경하면서 보고하는 것이다.

물론 보고할 내용 자체가 부족하면 여전히 업무 보고가 부담스러울 수 있다. 하지만 보고의 형식과 구조를 고민하는 데 쓰는 불필요한 에너지를 줄이고, 핵심 내용에 집중할 수 있다는 점에서 훨씬 효율적일 것이다.

[형식은 정해놓고, 내용만 고민하자.]

보고에도 루틴이 있다. 개그 코너가 포맷을 유지하면서도 매번 새롭게 다가오는 것처럼, 보고에도 확실한 나만의 루틴이 있다면 그 안에서 효과적으로 변주하면서 상사에게 보고할 수 있지 않을까? 지금부터 그 구체적인 방법에 대해서 알아보자.

2. 결과 보고

드라마를 보다 보면 가끔 답답한 장면이 연출될 때가 있다. 잘 나가던 주인공이 위급 상황에서 크게 다쳐 응급 수술을 받게 된다. 하염 없이 시간이 흐르고 주인공의 지인들은 초조한 모습으로 수술실 밖에서 기다린다. 이윽고, 의사가 마스크를 벗으며 수술실을 나오고, 지인들이 의사에게 달려간다. 의사가 신중한 태도로 말을 꺼낸다.

"좌측 폐에 총상을 입어 탄환은 제거했으나, 일부 조직이 괴사하여 절제 수술을 진행했습니다. 다행히 주요 혈관과 기관에는 손상이 없지만, 폐 손상으로 인해 당분간 인공호흡기 치료가 필요합니다. 또한…."

의사의 말을 들으며 지인들의 가슴이 타들어가는 게 느껴지지 않는가? 시청자들의 궁금증과 답답함 또한 커져간다. 참다 못해 TV에 대고 이렇게 소리치는 시청자도 있지 않을까?

"그래서 살았다는 거야, 죽었다는 거야?"

시청자가 내뱉은 이 한마디가 직장 상사들이 원하는 결과 보고의 핵심은 아닐까? 어떤 일이 끝난 후, 상사들이 가장 궁금해하는 것은 일의 과정이 아니라 일의 결과이다. '잘 끝난 건가?'라는 질문을 가장 먼저 떠올리고, 순차적으로 '어떤 점이 잘된 거지?', '부족한 건 없나?'라는 생각을 이어간다.

이를 토대로 결과 보고의 형식을 갖추면 상사가 궁금해하는 것을 중심으로 간결하게 보고할 수 있다. 좀 더 부연하면, 결과 보고의 내용이자 순서를 세 가지로 정리해서 보고하는 것이다.

결과 보고의 3단계

1) 결과 요약

완료된 일의 핵심 결과를 간결하고 명확하게 언급한다.

　(예) 신제품 발표회가 2월 5일 코엑스 컨퍼런스룸에서 잘 끝났습니다. 참석자는 총 150명으로 미디어 40명, 업계 관련자 30명, 주요 고객 80명이었습니다.

2) 핵심 성과

완료된 일 중에서 의미 있는 성과나 잘된 점을 강조한다. 이때, 가능하면 성과를 수치로 언급하고, 목표 대비, 전년/경쟁사와의 비교, 팀·조직의 KPI와 연계하여 설명하면 효과적이다.

(예) 참석자 만족도 조사 결과, 92%가 「매우 만족」 또는 「만족」으로 응답했으며, 특히 신제품의 차별화된 기능(배터리 성능, AI 자동 조정 기능)에 대한 관심이 높았습니다. 또한, 행사 후 일주일 동안 신제품 예약 건수가 5,200건을 기록하여 목표 대비 30% 초과 달성했습니다.

3) 개선 사항

일을 하고 나면 늘 부족한 점이 있게 마련이다. 이를 숨기거나 왜곡하지 말고 사실 그대로 보고해야 한다. 결과 보고의 균형을 맞추고 향후 발전을 위한 중요한 포인트이다. 이때 단순히 잘못된 점, 부족한 점을 언급하기보다는 대처 방안을 함께 언급하는 것이 좋다.

(예) 다만, 신제품의 기능 시연 중 일부 제품에서 음성 인식 오류, UI 반응 지연 등 예상치 못한 소프트웨어 오작동이 발생했습니다. 이로 인해 행사 중 시연을 원활하게 진행하지 못한 순간이 있었으며, 일부 참석자로부터 제품 안정성에 대한 우려가 제기되었습니다. 출시 전까지 소프트웨어 업데이트 및 내부 테스트를 추가 진행하고, 3월 예정된 2차 발표회에서는 완성도를 높인 시연용 제품을 준비할 계획입니다.

어떤가? 상사의 궁금증을 한 방에 날려버리는 속 시원한 결과 보고가 완성되었다. 그럼, 지금까지의 내용을 앞서 소개한 김대리의 솜사탕 막걸리 보고에 적용해보자. 우여곡절 끝에 솜사탕 막걸리 제품이 출시된 상황에서 결과 보고를 진행하는 장면이다.

"팀장님. 솜사탕 막걸리 출시 완료했고, 첫 달 판매량은 5만 병입니다. 목표 대비 120% 초과 달성했고, 전체 구매자의 78%가 2030 세대로 고객 확대 측면에서 기여한 바가 큽니다. 마케팅 측면에서 SNS 바이럴이 긍정적으로 나타났습니다. 하지만, 유통 채널 확대가 늦어져 오프라인 매출이 예상보다 저조했습니다. 다음 달부터는 서울/경기권 편의점 입점을 확대하기 위한 방안을 영업팀과 논의 중입니다."

다시 드라마 속 장면으로 돌아가서 글을 마무리하고자 한다. 불가능한 일이지만, 만약 드라마 속 의사들이 이 글을 보고 난 뒤 수술실에서 나온다면, 이제 더 이상 길고 장황한 설명은 하지 않을 것이다.

"**(결과)** 환자의 수술을 잘 마쳤습니다. 생명에는 지장 없습니다. **(성과)** 좌측 폐를 관통한 탄환은 효과적으로 제거했습니다.

(개선사항) 다만, 폐 손상을 막지는 못해 당분간 인공호흡기 치료가 필요합니다."

물론, 이렇게 보고하면 극의 흥미는 반감될 수 있다. 드라마 작가 입장에서는 피하고 싶은 방식일지도 모른다. 하지만, 드라마는 현실과 다르다. 상사의 애간장을 태우고 흥미를 유발할 이유는 없다. 작가가 아닌 현실 직장인의 시선으로, 상사가 궁금해하는 것부터 속 시원하게 보고해서 결과 보고의 효과성을 높이기 바란다.

3. 현황 보고

불과 몇 년 전까지만 해도 음식 배달을 시키려면 전단지를 보고 일일히 전화를 걸어 주문을 하고, 주소를 불러주고, 음식이 오면 직접 나가서 결제를 하던 시절이 있었다. 지금 생각하면 꽤 번거로운 일이지만, 당시에는 당연한 방법이었고 그럭저럭 감내할 만했다.

하지만, 가끔 못 견디는 상황이 발생하곤 했다. 한 시간 전에 시킨 짜장면이 도대체 도착할 기미가 없는 경우이다. 답답한 마음에 중국집에 전화를 걸어 재촉하지만, 돌아오는 말은 늘 똑같았다.
"네~ 방금 전에 출발했습니다."

화도 나고 답답한 마음에 "다시는 여기서 시켜 먹나 봐라. 망할 놈의 중국집" 하면서 한바탕 욕을 쏟아내곤 했지만, 그런다고 답답함이 사그라들거나 짜장면이 언제 올지 알 수는 없었다.

하지만, 요즘은 번거롭게 전화를 걸거나 주소를 알려줄 필요가 없다. 배달앱을 이용하면 주문부터 결제까지 손가락 하나로 가능하다. 게다가 더 이상 음식이 언제 도착하는지 궁금해할 필요도 없다. 주문과 동시에 앱에서 배달 현황을 바로 알려주기 때문이다. 앱마다 조금씩 차이는 있겠지만, 내가 이용하는 앱에는 세 가지 정보가 뜬다.

(진척도) 배달까지 남은 시간 35분
(진행 내용) 배달 파트너가 열심히 가고 있습니다. 현재 위치는 ○○를 지나고 있습니다.
(완료 예정) 도착 예정 시간은 오후 8시 23분입니다.

고객이 더 이상 궁금할 게 없는 완벽한 현황 보고 스킬이라고 생각한다. 일을 시킨 상사의 마음은 마치 배달 음식을 시킨 고객의 마음과 비슷하게 흘러간다. '얼마나 진행됐지?', '지금 무슨 일을 하고 있는 걸까?', '언제쯤 완료해서 나한테 보고하지?'라는 질문이 꼬리에 꼬리를 물고 이어진다.

하지만, 쉽사리 직원에게 물어보지 못한다. 일일이 간섭한다고 생각할까봐 꺼려지기도 하고, 마이크로 매니징을 하는 팀장으로 비춰질까봐 주저하게 된다. 이런 상사를 배려해서 배달앱과 마찬가지로 현재 진행 중인 업무를 보고하면 어떨까? 단 세 가지 내용으로 구성하면 된다.

현황 보고의 3단계

1) 진척도

상사가 가장 궁금해하는 내용은 '현재 일이 잘 진행되고 있는지, 어느 정도 진행되었는지'이다. 이에 맞춰 가장 먼저 업무 진척도를 보고한다. 이때, 수치를 활용하여 표현하면 효과적이다. 예를 들어, 행사 준비에 필요한 브로슈어 작업을 진행하고 있는 상황에서 아래와 같이 보고하는 것은 좋은 방식이 아니다.

"브로슈어 작업 잘 진행되고 있습니다."

"디자인 작업이 완료되어, 인쇄소에 넘겼습니다."

이때는 수치를 활용하여 ○○%, ○단계, 남은 일정 ○○일 등의 내용으로 보고하는 것이 좋다.

(퍼센트 활용) 전체 일정의 60% 진행된 상태입니다.

(단계별 진행률) 총 5단계 중 3단계(디자인 작업)까지 완료되었습니다.

(남은 일정) 현재 인쇄소에 넘겼으며, 3일 후에 완성됩니다.

2) 현재 진행 업무와 예정 업무

진척도 다음으로, 현재 작업하고 있는 내용과 향후 진행할 업무 내용을 정리해서 보고한다. 이때, 업무 순서나 시간적 흐름에 따라 보고하면 효과적이다.

(예) 현재 인쇄소에서 시제품 인쇄 중이며, 최종 인쇄 전에 각

부서에서 검토 작업을 거쳐 수정 사항을 반영할 예정입니다. 이후 기획팀 최종 승인 후 행사장으로 배송할 예정입니다.

3) 완료 예상 일정

마지막으로, 업무가 언제 완료될지 예상 일자를 언급한다.

   (예) 브로슈어는 이번 주 금요일(12월 28일) 본사에 도착해서, 바로 행사장으로 배송할 예정입니다.

   여기까지 보고한 후에, 한 가지 스킬을 추가할 수 있다. 업무를 진행하는 과정에서 발생하는 이슈나 문제점을 상사와 공유하고, 상사의 역할을 자연스럽게 포함시키는 것이다. 때때로 너무 완벽한 보고에 상사는 '내가 도울 부분이 없나?'라고 생각할 수도 있다. 따라서 상황에 따라 상사가 개입할 수 있도록 자연스럽게 요청하는 것이 효과적인 경우도 있다.

   (예) 현재 인쇄소에 브로슈어 시안을 전달한 상태이며, 인쇄 작업을 진행하기 위해 최종 검토 중입니다. 다만, 검토 과정에서 추가적인 제품 스펙 정보를 반영해야 할 필요성이 생겼습니다. 이와 관련해 마케팅팀에서 최신 스펙 자료를 제공해주어야 하는데, 팀장님께서 마케팅 팀장님과 협의해주시면 원활하게

진행될 것 같습니다.

    요즘은 잘 안 쓰는 말이지만 「함흥차사(咸興差使)」라는 말이 있다. 함흥으로 차출되어 파견된 사신이라는 뜻이다. 하지만, 역사적으로 함흥으로 간 사신들이 궁궐로 돌아오지 못하면서, 결국 '보낸 사람이 감감무소식이 되는 상황'을 의미하는 관용어로 굳어졌다.

    어쩌면 상사들도 일을 시킨 사람들에게 매번 사신을 보내고 있는 지도 모른다. 물론 보이지 않는 시그널이기에 우리가 알아채기 어렵다. 마음속으로, 혹은 눈빛으로, 답답한 상황에서는 지나가는 말로 "별일 없지?", "일 잘돼가지?"라며 신호를 보낸다. 이때 돌아오는 답이 "네", "잘돼갑니다"와 같은 단답형이라면, 상사는 그야말로 함흥차사의 답답함을 느끼게 될지도 모른다. 우리가 자주 이용하는 배달앱의 효용성을 조금이나마 느끼고 있다면, 같은 방식으로 상사에게 돌려주는 것은 어떨까? 상사가 업무 진행 상황을 명확히 알게 된다면, 앞으로의 일은 「일사천리(一瀉千里)」로 진행되지 않을까 기대해본다.

4. 계획 보고

"너는 다 계획이 있구나."

 영화 〈기생충〉의 명대사이다. 영화를 보지 않은 사람도 한 번쯤 들어봤을 정도로 인기를 끌었다. 나는 이 영화를 세 번이나 봤는데, 아직도 김기택(송강호 분)이 흡족한 표정으로 이 말을 내뱉는 장면이 잊혀지지 않는다. 아들 김기우(최우식 분)의 보고가 그만큼 강력했기 때문 아닐까?
 극 중에서 기우의 보고는 크게 세 가지 요소로 구성된다.

 (명분) 아버지, 이건 단순한 돈벌이가 아니에요. 가족 전체가 안정적으로 취업할 기회입니다.
 (구체적인 실행계획) 제가 먼저 과외교사로 들어가고, 동생은 미술 치료사로, 엄마는 가정부로, 아버지는 운전기사로 취업하면 됩니다.
 (실리) 이런 직업은 한 번 자리 잡으면 오래가요. 위험 부담이 적고, 들키지만 않으면 안정적이에요.

이 보고가 설득력을 가지는 이유는 명확하다. '왜 해야 하는지(명분)', '어떻게 할 것인지(구체적인 실행계획)', '결과적으로 어떤 이득이 있는지(실리)'를 중심으로 상대를 설득하고 있기 때문이다. 물론 사안에 따라 다양한 요소가 포함될 수 있지만, 이 세 가지가 계획 보고의 핵심이라고 할 수 있다.

계획 보고의 3단계

1) 상대방이 공감할 만한 명분을 제시하라

계획이 설득력을 가지려면 '왜 해야 하는지' 명분이 분명해야 한다. 명분이 확실해야 상사가 관심을 가지며 '이건 해야겠네'라고 생각하고, 세부 실행계획도 긍정적으로 검토할 가능성이 높다. 반면, 명분이 약하면 반론이 많아진다. "굳이 이걸 해야 해?", "이게 정말 필요해?"와 같은 질문으로 계획을 막아 세운다. 나아가 세부 실행계획에도 사사건건 딴지를 걸며 반대한다.

그렇다면 상사를 설득하기 위한 명분에는 어떤 것이 있을까? 이는 조직의 외부와 내부에서 답을 찾을 수 있을 것이다. 먼저 외부적인 명분에는 고객의 요구나 불편, 환경의 변화, 경쟁사 이슈 등이 있다. 내부적인 명분에는 인적·물적 자원의 최적화, 목표 달성, 리스크 관리와 같은 내용이 있다.

물론 위의 내용 외에도 여러 가지 명분이 있지만, 여섯 가지 내용이 상사들이 가장 중요하게 생각하는 관심사일 것이다. 이 중에서 평소 상사가 중요하게 생각하는 점을 선택하거나 두세

상사를 설득하기 위한 명분

구분	명분	의미
외부 요인	고객 요구(Customer Needs)	고객의 불편과 요구의 변화 외
	시장·환경 변화(Market & Environmental Shift)	기술, 경제, 산업, 사회적 요구, 규제 변화 외
	경쟁 환경(Competition)	경쟁사의 움직임과 업계 트렌드 외
내부 요인	자원 최적화(Resource Optimization)	비용 절감, 생산성 향상, 자산·설비 효율화 외
	목표 달성(Goal Achievement)	조직의 KPI 및 경영전략 연계 외
	리스크 관리(Risk Management)	법적·운영상 리스크 대응 외

가지를 조합하여 전략적으로 제시하면 된다.

(예)

— 외부에서 찾을 경우

"최근 고객센터의 응대 속도와 품질에 대한 불만이 증가하고 있습니다. 지난 분기 대비 22% 증가한 수치로, 이는 고객 이탈에 영향을 미칠 수 있습니다."

— 내부에서 찾을 경우

"현재 상담원의 업무 부하가 증가하며 이직률도 상승하고 있습니다. 지난 6개월간 평균 근속 기간이 14% 감소했습니다."

2) 구체적인 실행계획

명분만 있고 구체적인 실행계획이 없다면 상사 입장에서는 이런 피드백을 할 수 있다.

"뭘 어떻게 한다는 말이야?"

"막연하게 말하지 말고 구체적으로 설명해봐."

계획 보고의 설득력을 높이려면 구체적인 방법을 단계별로 세분화하고, 개략적인 일정과 필요 자원을 포함해서 보고해야 한다.

(예)

　- 챗봇 서비스 도입(2개월): 단순 문의 자동화로 대기 시간 단축

　- 상담원 전문성 강화(1개월): 고난도 문의 대응을 위한 전문 교육 진행

　- CS 데이터 분석 시스템 구축(3개월): 고객 불만 유형별 맞춤 대응 프로세스 수립

　추가적으로, 해당 업무를 진행하기 위해 필요한 타부서 지원이나 협조 사항을 포함하여 보고하면 된다.

3) 실리로 끝낸다

마무리는 해피엔딩이 좋다. 계획이 성공적으로 이루어지면 어떤 이득이 있는지 실질적인 이익을 정량적인 효과와 정성적인 효과로 정리하여 보고하면 된다.

　- 정량적 효과: 비용 절감, 매출 증가, 생산성 향상 등 수치로 표현

　- 정성적 효과: 브랜드 이미지 향상, 만족도 증가 등 측정하기 어려운 효과

(예)

　– 정량적 효과: 응답시간 50% 단축, 고객 만족도 20% 상승, 상담원 이직률 10% 감소

　– 정성적 효과: 브랜드 신뢰도 강화, 고객의 긍정적 경험 강화, 상담원 업무 스트레스 감소

　세상에는 참치김밥, 치즈김밥, 삼각김밥, 꼬마김밥 등 수많은 종류의 김밥이 있다. 맛도 모양도 천차만별이지만, 결국 본질은 김과 밥 아닐까? 계획 보고도 마찬가지다. 회사에는 수많은 계획 보고가 있다. 단순하게는 비품을 구입해야 하는 업무부터 복잡하게는 프로젝트성 업무에 이르기까지 수많은 계획이 존재한다. 때로는 계획의 복잡성 때문에 별도의 보고서를 작성하는 경우도 많다.

　하지만, 단순·복잡이나 보고서의 필요 유무를 떠나 핵심은 상사를 설득해야 한다는 점이다. 그리고 그 설득에 필요한 요소는 세 가지면 충분하다고 생각한다. '왜 하는지' 명분으로 시작해서, '어떻게 할 것인지' 구체적인 실행계획을 제시하고, '어떤 효과가 있는지' 실리를 제시하는 것이다.

계획 보고 본질에 집중하자

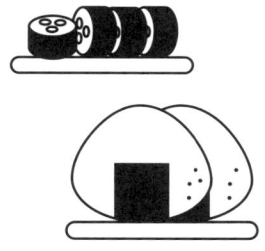

본질은 김과 밥

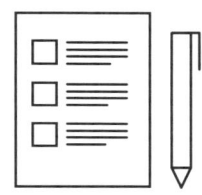

본질은 명분, 실행계획, 실리

이렇게 계획 보고의 틀을 짜고 상사에게 보고한다면, 상사도 배우 송강호와 같이 흡족한 표정을 지으며 이렇게 말하는 날이 오지 않을까?

"오케이. 진행시켜."

PART. 2

보고 스킬

Chapter 1
보고의 언어

보고를 돋보이게 하는 말하기 기술

1. 낱개가 아닌 덩어리로 정리해서 보고하자

최근에 자동차 장기 렌트를 계약하기 위해 영업점에 방문한 적이 있다. 사전에 인터넷으로 충분히 조사를 했지만, 혹시나 하는 마음에 영업사원을 만나서 한 번 더 설명을 들어봤다.

"대표님. 사업한다고 하셨죠? 제가 봤을 때 개인사업자 같은 경우 장기렌트가 유리합니다. 일단 초기 비용이 저렴하고 유지 비용도 거의 들지 않습니다. 물론, 주행 경력이 인정되지 않고, 중도 해지시 위약금이 발생할 수도 있습니다. 하지만, 사업자 비용 처리도 가능하니까 절세 효과도 있죠. 하, 허, 호 등의 번호

판이 좀 신경 쓰일 수도 있는데, 여러 모로 장기 렌트를 하시는 게 좋을 듯 싶네요."

뭔가 많은 얘기를 듣기는 했는데, 정리되지 않은 설명에 나는 이렇게 되물을 수밖에 없었다.
"그러니까 뭐가 좋은 거고, 뭐가 안 좋다는 거죠?"

만약, 영업사원이 좀 더 말하기 능력이 있고 보고 스킬을 갖추었다면, 여러 가지 내용을 장황하게 늘어놓지 않고 아래와 같이 정리해서 설명하지 않았을까?
"대표님. 장기 렌트에 대해 장점과 단점으로 구분해 설명드릴 수 있을 것 같습니다. 먼저 장점을 말씀드리면, 초기 비용이 저렴하고 차량 유지비 부담이 적으며, 비용처리가 가능해서 절세 효과가 있습니다. 반면 단점으로는, 주행 경력이 인정되지 않고, 중도 해지시 위약금이 발생할 수도 있으며, 하, 허, 호 등의 번호판이 좀 신경 쓰이실 수 있습니다. 그럼에도 불구하고, 비용 절약 효과가 크기 때문에 구매보다 렌트로 진행하시는 게 여러 가지로 유리할 듯합니다."

어떤가? 차이가 좀 느껴지는가? 전자는 정리되지 않은 내용이 뒤죽박죽 섞여서 전달되는 형태이다. 반면 후자는 비슷한 내용들을 큰 틀로 정리하여 보다 체계적으로 전달하고 있다. 같은 내용임에도 후자의 전달 방식이 좀 더 이해하기 편하고 기억하기에도 쉽다.

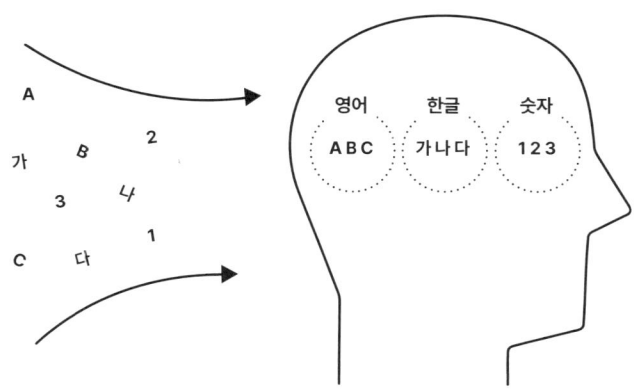

우리 뇌가 정보를 처리하는 방식, 청킹

이는 우리 뇌가 정보를 처리하는 방식과 관련되어 있다. 우리 뇌는 정보를 처리할 때 「청킹」이라는 중요한 메커니즘을 활용한다. 청킹은 여러 개의 정보를 더 큰 의미 단위로 묶어서 기억하는 과정이다. 쉽게 말해, 여러 개의 정보를 개별적으로 기억하기보다 유사한 의미를 가진 정보를 하나로 묶어서 기억하는 방식이다. 쉬운 예로, 우리가 드라마를 볼 때를 생각해보자. 드라마에는 수십, 수백 명의 등장인물이 나오지만, 우리는 그 인물들을 개별적으로 기억하기보다는 보통 「나쁜 놈」, 「좋은 놈」으로 구분해서 기억한다.

**[낱개가 아니라 덩어리로 묶어서
구조화된 보고를 하자.]**

이처럼 낱개가 아닌 덩어리로 묶는 방식을 「구조화」라고 하는데, 이를 보고에 활용하면 상대방에게 정보를 좀 더 체계적으로 전달할 수 있다.

보고에 자주 활용하는 구조화 패턴은 상대(반대), 순서(시간), 영역(사람) 패턴의 세 가지가 있다. 물론 이 외에도 여러 가지 패턴이 있지만, 세 가지 패턴만 잘 알고 있어도 정보를 체계적으로 정리하여 보고할 수 있다.

보고에 자주 활용하는 구조화 패턴 세 가지

1. 상대 / 반대 서로 비교하거나 대조되는 요소	2. 순서 / 절차 시간의 순서나 단계적으로 진행되는 과정	3. 영역 / 사람 특정한 범위나 대상으로 구분
내부 / 외부 전 / 후 긍정 / 부정 장점 / 단점 고정 / 변동 질 / 양 기존 / 신규 비용 / 이익 Hard / Soft 단기 / 장기	과거 / 현재 / 미래 단기 / 중기 / 장기 1단계 / 2단계 / 3단계 도입 / 정착 / 확대 준비 / 운영 / 사후관리 인지 / 각인 / 확산 R&D / 생산 / 영업 / AS Plan / Do / Check / Act 문제 / 원인 / 해결책 / 효과 수요 조사 / 전략 수립 / 실행	자사 / 경쟁사 / 고객 강점 / 약점 / 기회 / 위기 A제품 / B제품 / C제품 하드웨어 / 소프트웨어 / 휴먼웨어 본사 / 지사 / 현장 고객 / 회사 / 직원 노 / 사 / 정 경영자 / 관리자 / 직원 기획팀 / 홍보팀 / 관리팀 Product / Price / Promotion / Place

특히, 상대/반대 패턴은 내용을 가장 쉽고 빠르게 구조화할 수 있는 방법이다. 예를 들어, ○○교육이 끝난 후 팀장님이 "○○교육 잘 끝났어? 반응이 어때?"라고 물어봤을 때 빠른 대처가 가능하다.

"네 팀장님. 교육 잘 끝났고요. 교육생들의 반응은 긍정적 반응과 부정적 반응이 있었습니다. 긍정적 반응은, 부정적 반응은…."

또는 이런 패턴도 가능할 것이다.

Part 2 보고 스킬

"오전 교육에 대한 반응과 오후 교육에 대한 반응이 있었습니다."

"사무직의 반응과 현장직 반응이 좀 상이하게 나왔습니다. 사무직 반응은, 현장직 반응은…."

[말이든 글이든 구조화가 답이다.]

구조화 표현은 구두 보고뿐만 아니라 문서 보고에서도 효과를 발휘한다. 예를 들어, 신제품 출시 행사를 진행하기 위한 보고서를 쓴다고 가정할 때, 다음과 같이 구조화된 형태로 정리할 수 있다.

보고서의 구조화

OO 기업 신제품 런칭 행사 기획안 (중략)	OO 기업 신제품 런칭 행사 기획안 (중략)	OO 기업 신제품 런칭 행사 기획안 (중략)
행사 운영 ○ Main 업무 - 홍보팀은 배너 제작 - 기술팀은 발표자료 제작 - 디자인팀은 자료 제작 지원 - 기획팀은 행사시 식순에 따라 행사 진행 ○ Sub 업무 - 기획팀은 참석자에게 행사를 사전 안내 - 타부서는 고객 안내 및 연사 동선 안내 진행 - 행사 후 귀분들에게 감사 연락 진행	행사 운영 ○ 행사 전 - 기획팀은 참석자에게 행사를 사전 안내함 - 홍보팀은 배너를 제작하기로 하며, - 기술팀 발표자료 제작, 디자인 팀 발표자료 제작 지원 ○ 행사 중 - 기획팀은 행사시 식순에 따라 행사를 진행함 - 타부서는 고객 안내 및 연사 동선 안내를 진행함 ○ 행사 중 - 기획팀은 귀분들에게 감사 연락을 함	행사 운영 ○ 기획팀 - 행사 전 참석자에게 행사를 사전 안내함 - 행사시 식순에 따라 행사를 진행함 - 행사 후 귀분들에게 감사 연락을 함 ○ 홍보팀 - 배너 제작 및 행사장 비치 - 고객 안내 및 연사 동선 안내 진행 ○ 기술팀 & 디자인팀 - 기술팀 발표자료 제작, 디자인팀 발표자료 제작 지원

　생각이 많은 것은 득(得)인데, 정리가 되지 않으면 독(毒)이라는 말이 있다. 생각이 많으면 할 말이 많다는 것이고, 할 말이 많다는 것은 보고 내용이 탄탄하다는 뜻이다. 생각이 많고 할

말이 많은 것은 분명 득이다. 하지만, 많은 내용들이 정리되지 않은 채 상대방에게 전달되면 그것은 상대방의 머릿속을 복잡하게 만들고 어지럽히는 독과도 같다. 낱개를 덩어리로 묶어서 구조로 보고해야 상대방의 뇌가 편하고, 그만큼 보고가 통과될 확률도 올라간다. 그런 의미에서 구조화 보고는 상대방의 뇌를 해독시키는 가장 강력한 해독제 역할을 한다.

2. 「곧, 최대한, 많이」의 기준은 사람마다 다르다

일요일 아침이면 우리 가족은 브런치를 먹기 위해 가끔 외출을 하곤 한다. 평일엔 바빠서 얼굴 보기도 힘든데, 일요일 오전만큼은 여유 있게 행복한 시간을 보내기 위해서이다. 하지만, 행복한 시간이 시작되기도 전에 위기의 순간이 찾아올 때가 있다. 5분이면 준비를 끝내고 기다리는 나와 달리, 아내와 딸은 준비하는 데 시간이 꽤 오래 걸린다. 예약 시간에 맞춰 가려면 서둘러야 하는데 아내는 아직까지 머리도 다 말리지 않았고, 난 급한 마음에 아내를 재촉한다.

"여보. 언제 다 돼?"

와이프의 대답은 늘 한결같다.

"응. 금방 돼."

다시 몇 분이 흘러가고, 나는 다시 아내를 재촉한다.

"안 나갈 거야?"

와이프는 단어만 바꿔서 똑같은 대답을 한다.

"거의 다 끝났어."

도대체 와이프가 말하는 「금방」, 「거의」는 얼마만큼의 시간을 말하는 걸까? 언젠가는 답답한 마음에 나도 모르게 속마음이 튀어나온 적이 있다.

"여보. 좀 명확하게 수치로 얘기해. 몇 분 남은 거야?"

그때 '남(의)편이 나한테 왜 이러지? 여기가 회사야?'라는 황당한 표정으로 날 노려보던 아내의 모습을 잊을 수가 없다. 물론 그날 기대했던 브런치는 물 건너가고, 집에서 눈칫밥을 먹을 수밖에 없었다.

[곧, 매우, 잘, 최대한, 금방 등은 보고 용어가 아니다.]

물론, 평상시에 하는 일상적인 대화에서 정확한 수치로 이야기할 필요는 없다. 하지만, 명확한 의사 전달이 필요한 보고에서는 「꽤」, 「잘」, 「많이」, 「빨리」, 「가깝다」, 「멀다」 등 주관적인 판단이 끼어들 수 있는 단어 사용은 지양하고, 되도록 정확한 수치로 이야기하는 편이 좋다.

예를 들어, 팀장님의 질문에 아래와 같이 보고한다면, 팀장님은 어떤 반응을 나타낼까?

(팀장) 김주임, 이번에 디자인 업체 선정 어떻게 됐어?
(김주임) 네. 팀장님. 꽤 많은 업체들이 지원했는데요, 그중 A업체가 가장 높은 점수를 받았습니다. 제가 봤을 때 비용도 무난하고, 일정도 최대한 빨리 진행할 수 있다고 하니 A업체로 진행하려고 합니다.

팀장님이 개략적인 의미를 파악하는 데 어려움은 없다. 다만, 해석하기 모호한 「꽤」, 「가장」, 「무난」, 「최대한」 같은 표현이 포함되어 있어 직관적이지 못하다. 직관적이지 못하다는 것은 상대방이 한 번 더 고민해야 한다는 뜻이다. 팀장님은 속으로 이런 생각을 할 것 같다. '얼마나 많은 업체가 지원한 거야? A업체는 몇 점을 받은 거지? 비용은 예산 가용 범위인가? 최대한 빨리면 일주일 안에 가능하다는 말인가?'

상대방에게 이런 빌미를 주지 않기 위해서는 좀 더 명확하게 수치로 보고하는 것이 좋다.

(팀장) 김주임, 이번에 디자인 업체 선정 어떻게 됐어?

(김주임) 이번에 디자인 업체 다섯 곳을 검토했고, A업체가 전체 평균보다 5점 높은 92점으로 가장 높은 평가를 받았습니다. 비용은 예산 대비 8% 절감 가능한 수준이고, 작업은 2주 이내로 완료한다고 합니다.

모호한 표현을 제거하고 수치로 바꿔서 보고하면 보고의 의미가 명확해진다. 상대방은 더 이상 추가 질문을 할 필요가 없이 보고 내용을 직관적으로 이해할 수 있다.

하지만, 수치로 보고한다고 능사는 아니다. 가끔, 수치로 표현해도 모호하게 전달될 수 있으니, 기준이나 단위를 명확하게 사용하는 것이 좋다. 우선 아래 내용을 살펴보도록 하자.

(팀장) 김주임, 이번에 팀원들 외부 교육 좀 받아야 하는데, 비용이 어떻게 되지?

(김주임) 팀장님, ○○기관에서 기획력 향상 교육을 총 4회 과

정으로 진행하는데, 수강료는 20만원입니다.

위 내용을 보면, 적절한 수치를 사용했지만 회당 수강료가 20만원인지, 총 수강료가 20만원인지 명확하지 않다. 아래와 같이 명확하게 표현하는 것이 좋다.

(김주임) 팀장님, ○○기관에서 기획력 향상교육을 총 4회 과정으로 진행하는데, 수강료는 총(또는 회당) 20만원입니다.

마지막으로, 보고의 고수들이 활용한다는 수치 표현의 최고 단계, 「치환」의 기술을 소개한다. 치환은 수치를 좀 더 쉽고 의미 있게 전달하기 위해 다른 수치로 바꿔주는 기술로, 이를 가장 잘 활용한 인물이 스피치의 고수 스티브 잡스이다.

그는 예전에 아이팟 신제품 출시회에서 "아이팟은 기존 MP3 플레이어와 다르게 저장 용량이 5GB로 매우 큽니다"라고 말하는 대신, 이런 표현을 써서 대중들에게 강력한 인상을 남겼다.

"내 주머니 속에 1,000곡의 노래."

전문가나 관계자들만 알 수 있는 5GB라는 표현을, 대중들에게 좀 더 친숙한 1,000곡이라는 수치로 바꿔 쓴 표현이 돋보인다.

미국에 스티브 잡스가 있다면, 한국에는 요식업의 대가 백종원이 있다. 그는 요리와 사업도 잘하지만, 어렵고 복잡한 내용을 명확하고 쉽게 설명하는 데도 능한 사람이다. 이런 그도 치환의 기술을 잘 활용하는데, 어느 방송국 요리 프로그램에서 라면 물양 조절법을 이렇게 설명한 적이 있다.

"여러분 라면 봉지에 보면 물 500ml를 넣으라고 되어 있쥬? 근데 500ml를 누가 알아유? 이렇게 하시면 됩니다. 종이컵 3컵입니다. 어때유? 참 쉽쥬?"

500ml라는 어려운 수치를 종이컵 3컵이라는 쉽고 익숙한 수치로 치환해서 설명하고 있다. 듣는 사람 입장에서 훨씬 쉽고 이해하기 편하다. 사실, 이런 표현은 우리 생활 곳곳에서 많이 발견된다. 평소에 아무렇지 않게 지나칠 수 있지만, 기억해두면 보고할 때 적절하게 활용할 수 있다.

활용도 높은 수치 표현

- 면적 0000m² → 축구장 10배 크기
- 총 판매량 00000대 → 1분에 1대 판매된 제품
- 총 이동거리 000km → 지구 10바퀴를 이동한 거리
- 총 이용건수 00000건 → 대한민국 국민 전체가 1회씩 이용

− 생산량 총 000톤 → 4인 가구가 1년 동안 먹을 수 있는 양

모호한 말 뒤로 숨어서 상대방을 혼란스럽게 하는 보고 습관은 보고의 질을 떨어뜨리고, 결국 상사의 신뢰를 잃게 만든다. 수치로 말해야 명확하고, 보고에 힘이 생긴다. 물론 수치로 말하기까지 나름의 노력과 연습이 필요하다. 하지만, 노력의 크기만큼 연습의 시간만큼 결국 신뢰를 얻고 인정받을 수 있다. 보고의 수준은 수치 사용 능력에 달려 있다고 해도 과언이 아닐 것이다.

3. 비교와 비유로 보고의 효과성을 높이자

대한민국에서 학창 시절을 보낸 사람이라면 한 번쯤 엄마에게 이런 말로 공격당한 경험이 있을 것이다.

"아들, 엄마 친구 아들은 이번 시험 전교 몇 등 했다던데."

일명 엄친아 공격으로 엄마가 하는 모든 잔소리 중에서 가장 기분 나쁜 말 중 하나다. 그냥 "넌 왜 늦잠을 자니?", "성적이 이게 뭐니?"라고 하면 잠깐 기분 나쁘고 말 텐데, 엄친아를 끌어들여 비교하면 왠지 모르게 자존심이 상하고 오래도록 기억에 남는

다. 듣는 입장에서는 정말 스트레스를 받는다. 하지만, 말하는 입장에서는 비교만큼 확실한 표현도 없다고 생각한다.

[비교는 내 의도를 가장 확실하게 전달하는 방법이다.]

이처럼 어떤 상황이나 정보를 전달할 때 비교 표현을 활용하면 효과가 배가된다. 단순히 상황만 전달할 때보다 좀 더 선명하게 의미를 전달할 수 있다.

예를 들어, 팀장님이 갑자기 "감자탕 A지점 고객 만족도는 어떻지?"라고 물었을 때 "네, 아주 좋습니다. 네이버 평점 기준으로 4.5점의 높은 만족도를 보이고 있습니다"라고 보고할 수 있다. 물론, 수치로 표현한 부분은 칭찬할 만하다. 하지만, 팀장님은 머릿속으로 이런 생각을 한다. '4.5가 진짜 높은 건가? 얼마나 높다는 거지?'

왜 이런 생각이 들까? 팀장님 머릿속에는 4.5를 해석할 수 있는 기준이 없기 때문이다. 이때 4.5를 해석할 수 있는 기준을 마련하여 비교 표현을 하면 의미가 선명해지면서 상대방이 좀 더 명확하게 이해할 수 있다.

"팀장님. A지역 감자탕집은 네이버 평점 4.5점으로 전국 평균 3.9에 비해 매우 높은 만족도를 기록하고 있습니다."

비교는 평균뿐만이 아니라 경쟁사, 전년, 목표, 전체 등으로 다양하게 할 수 있으며, 의도에 맞게 선택적으로 활용하면 된다.
"팀장님. A지역 감자탕집은 네이버 평점 4.5점으로 경쟁사 대비 0.2점 높게 나타나고 있습니다."
"팀장님. A지역 감자탕집 만족도는 전년 대비 10% 향상된 4.5점으로 지속적으로 증가하고 있습니다."

보고의 효과성을 높일 수 있는 두 번째 기술은 비유이다. 아마 평소에 다음과 같은 표현을 많이 들어보았을 것이다.
"시간은 금이다."
"나비처럼 날아서 벌처럼 쏘다."
"코리안 몬스터, 류현진"
"마치 폭풍전야와 같다."
"살얼음판을 걷는 기분이다."
"가뭄에 단비 같은 소식이네."

이런 표현들은 상대방이 이미 알고 있는 개념에 빗대어 쉽게 설명하는 비유 표현이다. 어렵고 복잡한 내용을 장황하게 설명하는 대신, 한 문장으로 압축해 간결하게 전달할 수 있으며, 듣는 사람에게 직관적이고 매력적으로 다가가는 표현이다.

보고를 할 때도 적절한 포인트에 비유 표현을 활용하면, 왠지 모르게 그럴 듯해 보이는 「있어빌리티」가 발동된다. 복잡하고 장황한 설명 대신, 명확하고 쉬운 표현으로 보고의 전달력이 한층 올라간다.

"이번 워크숍은 조직 전체를 연결하는 중요한 혈관을 만드는 작업이라고 생각합니다. 부서가 협업하고 소통하는 데 반드시 필요한 네트워크 시스템을 제대로 구축하기 위한 중요한 과정입니다."

"상무님, 이번 공장 프로세스 중단 건은 빙산의 일각에 불과합니다. 향후 비슷한 사고나 기타 품질 문제가 발생하지 않기 위해서는 일주일간 공장 가동을 중단하고 ○○컨설팅을 통해 생산 라인 전체를 점검할 필요가 있습니다."

"이번 프로젝트는 마라톤과 같습니다. 속도보다는 지속적인 페이스 유지와 인내심이 중요합니다. 귀사가 끝까지 완주할 수 있도록 저희 회사가 확실한 페이스메이커가 되어드리겠습니다."

일찍이, 비유의 위대함과 관련해 아리스토텔레스는 "가장 위대한 일은 비유의 대가가 되는 일이다"라고 말했다. 가장 어렵지만 가장 효과적인 말하기 방식이라는 뜻이다. 보고든 일상이든 적절한 상황에서 비유 표현을 활용하면, 메시지가 더 직관적으로 전달될 뿐만 아니라 말하는 사람이 한층 더 세련되고 매력적으로 보인다. 단순히 정보를 전달하는 것을 넘어, 듣는 이의 관심을 사로잡고 설득력을 높이는 강력한 무기가 될 수 있다.

보고계의 비비크림, 비교와 비유

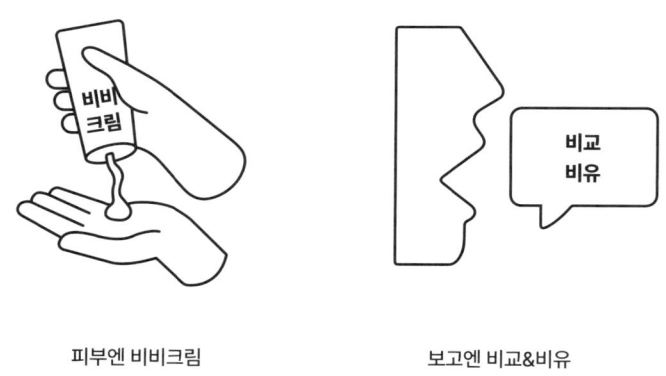

피부엔 비비크림　　　　　　　　보고엔 비교&비유

　요즘 많은 남성들이 스킨과 로션뿐만 아니라 비비크림까지 바른다고 한다. 비비크림 하나로 잡티와 기미를 가리고, 피부톤을 밝게 해 일명 「꿀피부」 효과를 낼 수 있기 때문이다. 얼굴에 바르는 비비크림처럼, 말에는 보고계의 비비크림 「비」교와 「비」유 표현을 활용하면 어떨까? 적절한 비교와 비유 표현은 보고에서 부족한 부분을 보완해주기도 하고, 보고 내용을 한층 더 매력적으로 만들 수 있다. 비비크림을 단지 얼굴에만 바를 게 아니다. 보고에도 비비크림을 살짝 발라서 보고를 좀 더 생기 있게, 매력적으로 만들 수 있을 것이다.

4. 브리징 스킬로 보고를 매끄럽게 만들자

심리학자 엘렌 랭어(Ellen Langer)의 복사기 실험(1978년, 하버드대학교)은 「접속사의 힘」을 보여주는 대표적인 실험으로 유명하다. 이 실험은 복사기 앞에서 줄을 선 사람들 사이로 끼어들 때, 어떤 말의 구조가 더 높은 성공 확률을 보이는지 확인하는 것이었다. 실험은 세 가지 방식으로 진행되었다.

첫 번째는 단순한 요청으로, "죄송한데, 제가 먼저 복사를 해도 될까요?"라고 말하며 끼어드는 방식이었다. 이때 성공률은 60%였다.

두 번째는 "제가 지금 너무 급한 일이 있어서 그런데, 먼저 복사를 해도 될까요?"라고 합리적인 이유를 제시하고 끼어드는 방식이었다. 이때 성공률은 94%였다.

마지막으로 세 번째는 무의미한 이유를 「왜냐하면」과 함께 제시하며 끼어드는 방식이었다.

"제가 먼저 복사를 해도 될까요? 왜냐하면, 제가 복사를 해야 하기 때문입니다."

사실 세 번째 방식은 앞뒤가 맞지 않는 말이지만, 이때 성공률은 놀랍게도 무려 93%였다. 합리적인 이유가 아닌데도 불구하고, 단순히 「왜냐하면」이라는 접속사를 쓴 것만으로 무려 93%의 확률로 성공했다는 점이 꽤 놀랍다. 실험 결과를 두고 엘렌 랭어는 이런 설명을 덧붙였다.

"우리의 뇌는 때때로 언어의 내용보다 형식에 집중한다. 「왜냐하면」이라는 접속사를 듣는 순간, 사람들은 그 뒤의 말을 깊이 따지지 않고 합리적인 이유가 있을 것이라고 추측한다. 이유 자체보다 「이유가 있다」는 형식을 전달하는 것이 더 중요하다."

이 실험 결과가 보고에 시사하는 바는 크다. 보고를 할 때 「왜냐하면」과 같은 적절한 접속사를 섞어서 말을 하면, 내용이 매끄럽게 이어지며 듣는 사람이 좀 더 쉽고 편하게 이해할 수 있다. 반대로, 접속사 없이 개별적인 문장만 나열하면 메시지가 단절되어 전달 효과가 떨어질 수 있다.

브리징 스킬

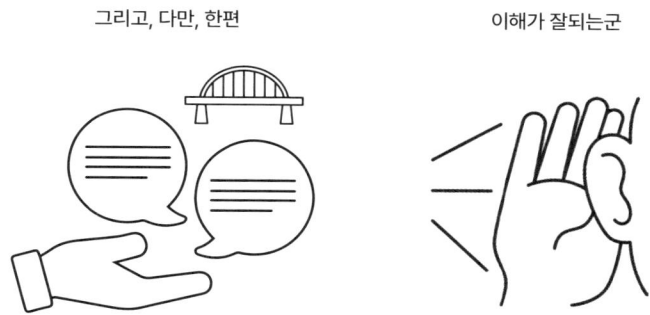

이처럼 말과 말 사이에 접속사라는 다리를 놓아 자연스럽게 이어주는 기술을 「브리징 스킬(Bridging Skill)」이라고 하는데, 이를 보고에 활용하면 세 가지 효과를 얻을수 있다.

첫째, 말이 간결하고 자연스러워진다. 생각이 정리되지 않은 상태에서 말을 하다 보면, 문장이 꼬리에 꼬리를 물고 길어지게 된다. 이때, 접속사를 적절히 활용하면 긴 흐름을 간결한 형태로 정리할 수 있다. 그 결과 말이 짧아 보이면서도 흐름이 부드러워지는 효과가 생긴다.

둘째, 보고의 논리성이 강화된다. 접속사는 단순히 문장을 잇는 역할을 넘어, 각 문장 간의 관계를 명확히 정리하고 논리적인 흐름을 만들어준다. 예를 들어, 「따라서」를 사용하면 앞의 내용이 원인이고, 다음 내용이 결과라는 점이 분명해진다. 「한편」을 사용하면 새로운 시각을 추가하면서 내용을 균형 있게 구성할 수 있다. 이처럼 적절한 접속사를 활용하면 단순한 정보 나열이 아니라, 논리적으로 짜임새 있는 보고를 할 수 있다.

셋째, 상대방이 들을 준비를 하게 된다. 적절한 접속사의 사용은 다음 내용을 예고하는 신호가 된다. 예를 들어, "중요한 것은…"이라고 하면 상대방은 '중요한 내용이 나오겠군. 집중해야겠다'라고 생각하게 된다. "하지만"이라고 말하면 상대방은 '다음에 반대되는 내용이 나오겠구나'라고 예측하고 들을 수 있다. 이처럼 적절한 포인트에 접속사를 활용하면 상대방이 자연스럽게 듣는 자세를 갖추게 되고, 메시지 전달의 효과성을 높일 수 있다.

이처럼 접속사는 단순한 연결 이상의 역할을 한다. 적절한 브리징 스킬을 활용하면 보고의 흐름이 매끄러워질 뿐만 아니라, 핵심 메시지를 더욱 강조할 수 있다. 그렇다면 보고할 때 활용할 수 있는 주요 브리징 언어에는 어떤 것들이 있을까?

① 핵심을 강조하거나 결론을 말하고자 할 때

— 중요한 건, 핵심은, 특히, 무엇보다도

② 예를 들어 설명하거나 근거를 들 때

— 예를 들면, 예컨대, 관련해서

③ 반전이나 전환을 시도할 때

— 그럼에도 불구하고, 그러나, 하지만

④ 동일한 맥락에서 추가 설명을 할 때

— 또한, 그리고

⑤ 새로운 관점을 추가할 때

— 한편, 반면에

⑥ 순서를 나타낼 때

— 첫째, 둘째, 다음으로, 마지막으로

⑦ 앞의 내용을 근거로 결론이나 결과를 제시할 때

— 따라서, 그러므로

⑧ 보고를 마무리하거나 요약할 때

— 요컨대, 정리하면, 마지막으로

　겨울철에는 자동차를 움직이기 전에 반드시 예열 과정을 거쳐야 한다. 갑자기 시동을 걸고 출발하면 엔진에 무리가 갈 수 있기 때문이다. 보고도 마찬가지다. 상대방에게 아무런 신호 없이 여러 가지 말을 하면, 상대방의 뇌는 준비되지 않은 상태에서 이해도가 떨어지고 집중력이 흐려질 수 있다. 이때, 적절한 브리징 언어를 사용하면 상대방이 다음에 나올 내용을 예측하고 좀 더 쉽고 편하게 내용을 받아들일 수 있다.

자동차를 출발시키기 전에 예열이 필요하듯이, 말을 시작하기 전에 상대방의 뇌를 예열하는 「브리징 스킬」을 사용해보면 어떨까? 적절한 브리징 언어의 사용은 보고의 흐름을 부드럽게 만들고, 상대방의 집중력을 높이며, 설득력을 극대화하는 강력한 도구가 될 것이다.

Chapter 2
피드백 대응

상사의 의견에 효과적으로 대응하는 방법

1. 상사의 의견을 수용하기 어려울 때

즐겨 보는 방송 중에 〈사장님 귀는 당나귀 귀〉라는 예능 프로그램이 있다. 사장과 직원들이 함께 일하는 가운데 주로 사장님들의 꼰대스러운 모습에 초점을 맞춘다. 별다른 연출 없이 자연스럽게 펼쳐지는 상황에 공감이 되기도 하고, '나는 저 사장처럼 하지 말아야지' 하는 생각에 배울 점도 많다.

하지만, 때로는 사장의 입장이 충분히 이해되는 경우도 있다. '저건 직원이 실수했네', '사장 입장에서 답답하겠다'라는 생각과 함께 때때로 사장의 고민이나 입장을 헤아리게 될 때도 있다.

최근에 재미있게 본 에피소드가 있다. 농구 대통령에서 프로 농구팀의 사장이 된 허재가 농구단 운영과 관련하여 보고를 받는 장면이었다. 보고자는 팀 성적, 개인 성적, 관중수 등에 대한 보고를 매끄럽게 이어간다. 여기까지는 완벽했다. 하지만, 보고를 듣던 허재 사장이 질문을 하는 순간 보고자는 그만 실수를 하고 만다.

(보고자) 이어서 굿즈 상품에 대해 보고 드리겠습니다. 굿즈 상품 중 가장 큰 매출을 올린 상품은 선수 유니폼으로 전년 대비 20% 향상된 00000원입니다. 선수별 매출은 역시 인기가 가장 많은 ○○○ 선수 유니폼 판매 비중이 전체 45%를 차지합니다. 또한….

(허재) 유니폼도 좋은데, 왜 그런 거는 안 하나? 열쇠고리 같은 거 말야.

허재 사장이 요즘 많이 쓰는 키링 대신 열쇠고리라고 말하자 회의장 안에는 잔잔한 웃음이 퍼졌다. 하지만, 이내 회의장은 얼음장같이 싸늘하게 식어버렸다. 보고자의 한마디 때문이었다.

"요즘 열쇠고리 같은 건 잘 안 합니다."

사실, 위와 같이 말한 보고자의 생각이 틀렸다고는 할 수 없다. 키링도 아니고 열쇠고리는 웬 말이며, 충분히 시장조사를 해서 굿즈 상품을 기획하고 판매하고 있는데 열쇠고리라는 상품은 어울리지 않을 수 있다. 문제는 상사의 피드백을 받아들이는 방법에 있다. 보고자는 두 가지 중요한 점을 간과했다.

첫째, 상사의 의견에는 자존심이 담겨 있다. 말은 곧 생각의 표현이며, 생각 속에는 자존심이 스며들어 있기 마련이다. 따라서, 상사의 의견을 즉각 반박하는 것은 단순한 논리적 대립이 아니라, 그의 체면을 손상시키는 일로 받아들여질 수 있다.

둘째, 공개적인 자리에서는 반응이 더욱 예민해질 수 있다. 1:1 대화에서도 자신의 의견이 거절되면 기분이 상할 수 있는데, 하물며 여러 사람이 모인 자리에서는 그 불편함이 훨씬 커질 수밖에 없다. 소소한 말 한마디가 상사의 체면을 구기게 만들고, 분위기를 어색하게 만들 수 있다.

아니나 다를까, 허재 사장의 표정이 울그락불그락 달아올랐고, 이를 눈치챈 보고자는 당황하는 기색이 역력했다. 다 된 밥에 코 빠뜨린다고 작은 질문 하나에 제대로 대응하지 못한 탓에, 회의장의 분위기는 급격히 어색해졌다. 보고 내용은 완벽했지만, 보고는 완벽하게 끝나지 못했다.

상사들이 갑자기 추가 의견을 내는 이유

바람으로 풍선이 부풀어 오르듯이   보고를 들으면서 상사의 생각이 확장된다

보고를 듣는 동안 상사들은 이런저런 다양한 아이디어가 떠오른다. 처음에는 납작했던 풍선이 공기가 유입되면서 자연스럽게 부풀어 오르는 것처럼, 상사의 뇌도 비슷하게 반응한다. 아무 생각 없이 보고를 듣고 있다가 여러 가지 정보가 유입되면 생각이 팽창하면서 이런저런 아이디어가 떠오르는 것이다.

물론, 보고 과정에서 갑자기 떠오른 상사의 생각은 정답이 아닌 경우가 많다. 오랜 시간 고민하고 분석한 결과에 비하면 깊이가 부족할 수도 있고, 이미 여러 검토 끝에 사전에 배제된 의견일 수도 있다. 그렇다고 해서 상사의 의견을 다음과 같이 정면으로 반박하거나 단호하게 거절할 필요는 없다.

"그건 안 됩니다."

"불가능합니다."

"검토해봤는데, 안 하는 편이 낫습니다."

　이와 같은 즉각적인 반론은 상사의 태도를 공격적으로 만들 수 있다. 아무리 부족한 의견이라도 단박에 거절당하면 사람의 심리는 그렇게 변하게 된다. 공격적인 심리는 상사의 우기기 신공과 고집불통으로 이어진다.

"아니, 요즘 애들은 가방에 열쇠고리를 많이 걸고 다니던데."

"요즘엔 레트로가 대세 아냐? 뭐가 안 된다는 거야?"

"제대로 하고 있는 거 맞아? 유니폼만 팔다가 안 되면 책임질 수 있어?"

　상사의 의견이 다소 현실과 맞지 않더라도, 우선 수용하는 태도를 보인 뒤 고민해보겠다는 존중의 메시지를 덧붙이는 것이 좋다.

**[얼토당토 않은 상사의 의견에도
선수용, 후고민으로 대처하자.]**

"한 번도 생각해본 적 없는 아이템인데요. 그거 제가 좀 더 고민해보고 다시 말씀드리겠습니다."

"열쇠고리 관련해서 의견 주셨는데요, 이 부분은 제가 상품 기획팀과 협의한 후에 다시 보고드려도 될까요?"

일단 보고의 순간에는 이렇게 넘어간 후 나중에 편한 자리나 따로 보고 자리를 마련해서 거절 의사를 밝히는 것이 좋다.

결정의 90%는 감성에 근거한다.
감성이 동기로 작용한 다음
행동을 정당화하기 위해 논리를 적용한다.
그러므로 설득을 시도하려면 감성을 지배해야만 한다.
— 데이비드 리버만(심리학 박사) —

아무리 논리적으로 완벽한 보고라도, 상사의 감정을 건드리는 순간 설득력은 급격히 떨어진다. 논리만으로 상대를 움직일 수 있다고 생각하면 오산이다. 결국, 좋은 보고란 상사가 받아들이고 결정을 내리도록 만드는 것이다. 그러기 위해서는 보고 내용뿐만 아니라 상사의 감정까지 고려해야 한다. 보고는 논리가 아니라, 감정을 다루는 기술이라는 점을 잊지 말자.

2. 상사의 의견에 반대하거나, 요청을 거절하는 경우

보고를 하다 보면 상사의 의견에 반대하거나 요청을 거절해야 하는 순간이 있다. 하지만, 거절은 생각보다 쉽지 않다. 가장 큰 이유는 상사의 권위 때문이다. 상사의 의견을 반박하는 것이 도전으로 비칠 수 있고, 자칫 부정적인 인상을 남길 수도 있기 때문이다. 또한, 조직 분위기상 거절이 허용되지 않는 경우도 있다.

그러나 상사의 의견이 항상 정답일 수는 없다. 때로는 현실적으로 실행하기 어려운 요청을 할 때도 있다. 이런 상황에서는 무조건 수용하기보다, 단호하면서도 부드럽게 거절하는 기술이 필요하다.

1) 상사의 의견에 반대해야 하는 경우

먼저, 보고 과정에서 상사가 내 생각과 반대되는 의견을 제시하는 경우가 있다. 이때, 상사의 의견을 즉각 반박하거나 정면으로 맞서는 것은 좋은 방법이 아니다.

(팀장) 이대리, 그건 내가 봤을 때 A 방향으로 진행하는 게 좋을 것 같은데.

(팀원) 팀장님, 그건 좀 아닌 것 같습니다. B가 맞습니다.

위와 같이 거절하면 설득이 아닌 논쟁으로 흐를 가능성이 크고, 상사의 자존심을 건드려 역효과를 낼 수도 있다. 상사와 100분 토론을 하거나 감정 싸움을 할 생각이 아니라면, 조금 더 유연하게 대처할 필요가 있다.

[① 수용 → ② 내 생각 → ③ 논리적인 근거]

가장 먼저 입 밖으로 뱉어야 할 말은 긍정의 시그널이다. "그게 아니라", "아닙니다"라고 하는 대신, 일단 첫마디는 상사의 의견을 수용하는 메시지를 보내야 한다.
"그런 측면도 있지만"
"그 점은 인정합니다만"
"그렇게 생각할 수도 있겠네요."
이처럼 상대방의 의견을 수용하는 표현을 사용하면, 이후 내 의견을 전달할 때 상대가 거부감을 덜 느끼게 된다.

다음으로, 주어를 「나」로 해서 자신의 의견을 제시한다. 이와 같은 표현을 사용하면 절대적인 정답을 주장하는 것이 아니라, 개인적인 의견을 제시하는 느낌을 주기 때문에 상대방이 감정적으로 반응할 가능성을 줄여준다.

"제가 생각하기에는"

"저는 이렇게 생각합니다."

마지막은 논리적인 근거를 제시하는 방법이다. 의견을 밝히는 것만으로는 충분하지 않다. 상사가 이해할 만한 논리적 근거를 함께 제시해야 의견이 받아들여질 가능성이 높아진다. 이때 수치·통계 등 신뢰할 만한 데이터, 조사 결과, 유사한 경험이나 사례, 전문가 의견이나 권위 있는 자료를 활용할 수 있다.

"최근 소비자 조사 결과에 따르면"

"타사 사례를 분석한 결과"

"관련해서 ○○매거진에서 ○○○박사가 언급한 내용이 있습니다."

지금까지의 내용을 적용하여 상사의 반대 의견에 대처한다면, 아래와 같이 좀 더 효과적으로 대응할 수 있다.

(팀원) 팀장님, A 방법도 충분히 가능성 있는 접근입니다. 하

지만, 제가 생각하기에 B 방법이 좀 더 효율적이라고 판단됩니다. 최근에 ○○보고서를 검토한 적이 있는데, A로 진행할 경우 효과 대비 비용이 과도하게 들어간다고 분석되었기 때문입니다. A도 좋지만, B로 진행하면 어떨까요?

2) 상사의 요청을 거절해야 하는 경우

보고를 하다 보면 때때로 추가 업무를 지시받는 경우가 있다. 여유가 있거나 할 수 있는 일은 수용하는 것이 좋지만, 업무 부담이 크거나 전문성과 맞지 않는 일이라면 무조건 수용하는 것이 능사가 아니다. 오히려 나에게도, 팀에게도 해가 될 수 있다.

(팀장) 이대리, 이번에 행사 준비하느라 고생 많은 건 알겠는데, VIP들에게는 직접 전화를 해서 참석 여부를 확인해야 할 것 같은데. 이대리가 진행하면 안 될까?

(팀원) 그거는, 그냥 김주임 시키면 안 될까요?

이때, 이런 식으로 상사의 업무 요청을 단박에 거절하면 팀장은 "그냥 하는 김에 이대리가 해"라고 밀어붙일 가능성이 크다. 좀 더 현명하게 거절하는 기술이 필요하다.

[① 공감 → ② 거절 이유 → ③ 대안 제시]

먼저, 단순히 거절하는 것이 아니라 상사의 요청이 중요한 일이라는 데 공감하는 태도가 필요하다.

"VIP 참석 여부 확인이 중요한 일이라는 점 이해합니다."

"이번 행사에서 VIP 응대에 신경 써야 한다는 데 공감합니다."

위와 같은 표현을 사용하면 상사는 자신의 의견이 존중받고 있다고 느끼며, 다음에 나올 내용을 수용할 가능성이 높아진다.

다음으로, 업무를 수행하기 어려운 이유를 설명한다. 단, "제가 할 줄 몰라서요", "너무 바빠서요"와 같은 개인적인 사유보다는, 객관적이고 합리적인 이유를 제시하는 것이 좋다.

"현재 행사 운영팀과 일정 조율을 하는 것도 빠듯해서, 전화까지 진행하기엔 어려움이 있습니다."

"이미 행사 준비와 현장 세팅을 담당하고 있어서, VIP 전화 업무까지 맡으면 일정 소화가 어렵습니다."

마지막으로, 거절에서 그치는 것이 아니라 상사의 요청을 해결할 수 있는 대안을 제시하면 부드럽게 마무리할 수 있다.

"VIP 참석 여부 확인을 이메일로 먼저 진행하고, 추가적으로 확인이 필요한 분만 직접 통화하면 업무 부담이 줄어들 것 같습니다."

"VIP 응대 경험이 있는 김주임이 진행하면 더 원활하게 진행될 것 같습니다."

지금까지의 내용을 적용하여 상사의 업무 요청을 거절한다면, 아래와 같이 대응하는 것이 가능할 것이다.

(팀원) 이번 행사에서 VIP 응대에 신경 써야 한다는 점 공감합니다. 하지만, 현재 행사 운영팀과 일정 조율하는 것도 빠듯해서, 전화까지 진행하기엔 어려움이 있습니다. VIP 참석 여부 확인을 이메일로 먼저 진행하고, 추가 확인이 필요한 분만 직접 통화하면 업무 부담이 줄어들 것 같습니다.

**[거절은 관계를 깨는 것이 아니라,
더 나은 선택을 위한 조율 과정]**

물론, 반박이나 거절은 보고자에게 불편하고 힘든 일이다. 그럼에도 불구하고, 「노(No)」를 말해야 하는 상황이 온다면, 좀 더 신중하게 논리적으로 거절하는 기술이 필요하다. 앞서 제시한 방법으로 상사의 의견을 거절한다면, 어렵고 힘들기만 했던 거절의 순간이 이전보다 덜 부담스러워질 것이다. 또한 내 의견에 대한 상사의 수용도가 높아지는 것을 경험할 수 있을 것이다.

3. 모르면 모른다고 말하고, 에둘러 말하지 말자

업무 보고를 하다 보면 상사가 예상치 못한 질문을 할 때가 있다. 보통은 미리 준비한 범위 내에서 답변할 수 있지만, 때로는 전혀 모르는 질문이 나올 수도 있다. 이때 당황해서 얼버무리거나 무작정 아는 척을 하면 오히려 상황을 더 어렵게 만들 수 있다.

　(팀장) 최근에 A사도 유사한 시스템을 도입한 걸로 알고 있는데, 그게 효과가 있나?

　(팀원) 네. 저도 그런 걸로 알고 있습니다. 아마 작년에 도입된 걸로 아는데, B컨설팅 업체가 진행한 걸로 알고 있습니다. 그 업체가 그 분야에서 꽤 유명하다고 알고 있습니다.

팀장은 효과가 있냐고 물었는데, 정확한 걸 모르니 '작년에 도입되었다'거나 'B컨설팅 업체가 진행했다' 등으로 얼버무리고 있다. 이런 보고를 일명 유사 보고라고 한다. 비슷하게 언저리에서 답변을 하기는 했는데, 상사가 원하는 정확한 답변은 아니라는 뜻이다.

**[레시피를 물어보면 레시피를 말해야지,
요리 재료를 이야기해서는 안 된다.]**

물론 이렇게라도 말할 수밖에 없는 사정은 충분히 이해가 간다. 상사의 질문에 정확한 대답은 하지 못하겠고, 그렇다고 해서 모른다고 하자니 민망함이 앞선다. 이런 마음에 비슷한 내용이라도 답하면서 상황을 모면하고 싶어진다. 하지만, 이렇게 대처하는 건 세 가지 측면에서 좋지 못하다.

첫째, 부족한 답변은 상사에게 쉽게 들키기 마련이다. 정확하지 않은 정보를 계속해서 전달하면, 상사는 점점 더 의구심을 갖게 된다. 결국 상황만 복잡해지고 상사의 화만 키울 뿐이다.

둘째, 부정확하거나 잘못된 정보가 전달되면 나중에 문제가 생길 수 있다. 대충 얼버무린 내용을 듣고 상사가 의사결정을 내리면 일이 잘못될 가능성이 크고, 그 책임이 고스란히 나에게 돌아올 수 있다.

셋째, 내 실력이 늘지 않는다. 대충 넘어가고 상황을 모면하면 그 순간에는 어찌어찌 넘어갈 수 있지만, 나중에 잘못된 점을 되돌아보는 기회가 사라지게 된다. 결국 더 나은 결과를 내기 위한 성장의 기회를 놓치게 된다.

그렇다면 모르는 질문이 나왔을 때 어떻게 대응하는 것이 가장 현명할까? 효과적인 대처법을 세 가지로 정리해보았다.

1) 인정하기

가장 쉽고 빠른 방법은 상사의 질문에 모르겠으면 모르겠다고 솔직하게 인정하는 것이다. 혹시 일부라도 아는 내용이 있다면 그 부분은 정확히 답변하고, 모르는 부분에 대해서는 솔직히 인정한 뒤 질문하는 것이 좋다. 이렇게 하면 스스로 부족한 점을 인정하는 자세와 궁금한 것을 알고자 하는 노력이 상사에게 전달될 수 있다.

(팀원) 아 A사 말씀이군요. 저도 작년에 A사에서 유사한 시스템을 도입했다는 이야기는 들었습니다. 근데 사실 효과는 확인

해보지 못했습니다. 혹시 팀장님께서 알고 계시면 말씀해 주실 수 있나요?

2) 밑밥 깔기

확실하지 않은 내용에 대해선 단정적으로 답하기보다는, 조심스럽게 접근하는 것이 좋다. 상사가 즉시 답변을 원하지만 확신이 없는 경우에는 "확실히 말씀드리기 어렵지만," "제가 알고 있는 바로는", "부분적으로나마 알고 있는 것을 말씀드리면" 등과 같이 이른바 밑밥을 깔고 되도록 신중하게 의견을 전달하면 된다.

(팀원) 확실한 답변을 드리기는 어려운데, 제가 알고 있는 바로는 유사한 시스템이 도입되었고, 업무 효율 측면에서 일정 부분 개선되었다고 들었습니다.

3) 유예하기

가장 효과적인 방법은 즉답을 미루고, 빠른 시간 내에 조사하여 다시 보고하겠다고 말하는 것이다. 당장 답변이 어려운 경우 무조건 '모른다'로 끝내는 것이 아니라, 후속 조치를 약속하며 적극성을 어필하는 것이다. 이때 중요한 것은 구체적인 시점과 행동 계획을 포함해서 말해야 한다. 단순히 "추후 보고하겠습니다", "좀 더 알아보겠습니다"와 같이 모호하게 마무리해서는 안 된다.

(팀원) 팀장님. 효과성 부분에 대해서는 정확하게 파악하지 못했습니다. 내일 오전 9시까지 관련 부서에 의견을 물어보고 정리해서 다시 말씀드리겠습니다.

**[답변보다 중요한 것은
신뢰를 유지하는 것]**

모르는 질문에 답변을 잘하느냐 못하느냐는 사실 그리 중요한 문제가 아니다. 그보다 더 중요한 것은 상사와의 신뢰를 유지하는 것이다. 모르는 질문에 대해 무작정 아는 척하거나 지나치게 소극적인 태도를 보이는 것은 상사의 신뢰를 잃는 지름길이다. 솔직하게 인정하고 질문을 하거나, 밑밥을 깔고 신중하게 이야기하거나 혹은 추후 보고를 약속하고 유예하는 세 가지 전략을 적절히 활용하는 것이 중요하다. 이렇게 하면 모르는 질문에도 당황하지 않고 효과적으로 대응하면서 상사와의 신뢰를 유지할 수 있을 것이다.

Chapter 3
상사 유형

상사의 성향을 파악하고 맞춤형 보고를 하자

1. 보고 이전에 먼저 상사의 성향을 파악하자

보고는 단순한 정보 전달이 아닌 상호 작용이다. 같은 내용을 전달하더라도 어떤 상사에게, 어떻게 전달하느냐에 따라 반응이 극과 극으로 갈린다. 같은 보고를 받고도 누군가는 핵심만 간결하게 보고했다며 칭찬하지만, 다른 누군가는 상세 내용이나 근거 자료가 부족했다고 질책한다. 핵심이 명확하고 실행 계획이 구체적이라고 칭찬받는 보고가 다른 사람에게는 부서간 업무 협조나 팀 내 의견 조율이 부족했다며 부정적인 피드백을 하기도 한다. 같은 내용을 보고 하더라도 상사의 성향에 따라 받아들이는 방식이 다르며, 요구하는 정보가 달라진다.

물론, 보고하는 사람 입장에서는 누구에게나 동일한 방식으로 보고하는 것이 편하다. 하지만 상사가 받아들이기 어려운 방식이라면 보고의 효과는 반감될 수밖에 없다. 상사의 성향을 파악하고, 그에 맞는 맞춤형 보고를 해야 한다.

그런 의미에서 회사에서 가장 많이 발견되는 대표적인 상사 유형을 세 가지로 구분하고, 각각에 대한 대응 방안을 정리하였다.

세 가지 상사 유형

① 성과 추구형 상사: 빠른 결론과 실행을 중시하는 상사

② 업무 관리형 상사: 일의 과정과 세부 사항을 중시하는 상사

③ 관계 지향형 상사: 조직 내 협업과 팀워크를 중시하는 상사

첫 번째 유형은 성과 추구형 상사로, 빠른 결론과 실행을 중요하게 생각한다. 이들은 빠른 결정을 원하며, 불필요한 설명을 싫어한다. 결과 중심적이며, 과정보다는 실행 가능성과 성과에 관심이 많다. 여러 업무를 관장하는 임원이나 본부장 등 고위 직급에서 많이 보이는 유형으로, 아래와 같은 말을 자주 한다.

"그래서 결론이 뭐야?"

"진행 상황을 짧게 요약해봐."

"이거 하면 성과가 얼마나 나오는데?"

이런 유형의 상사에게 보고를 할 때는 결론이나 핵심부터 말한 후, 필요한 경우에 세부 사항을 설명해야 한다. 불필요한 배경 설명을 줄이고, 핵심 메시지를 짧고 직관적으로 전달하는 것이 좋다.

두 번째 유형은 업무 관리형 상사로, 일의 결과보다는 구체적인 진행 과정이나 추진 근거, 세부 데이터를 중요하게 생각한다. 또한, 실무적으로 놓친 부분이 없는지 검토하려는 성향이 강해 추가적인 질문을 많이 한다. 주로 실무형 팀장들에게서 많이 볼 수 있는 성향으로, 이들도 상위 관리자에게 보고를 해야 하기 때문에 디테일한 정보를 요구한다. 이런 상사들은 평소에 아래와 같은 말을 자주 한다.

"이 데이터의 출처는 어디야?"

"다른 대안은 고려해봤어?"

"구체적으로 언제 시작하고, 언제 마무리되죠?"

이런 상사에게 보고할 때는 숫자와 데이터 중심으로 논리적 근거를 갖춰서 보고하는 것이 효과적이다. 또한 보고 과정에서 추가 질문이 많기 때문에 예상 질문 리스트를 만들어서 대비하는 것이 좋다.

세 번째, 관계 지향형 상사는 팀워크와 협업을 중시하는 유형이다. 이들은 조직 내 조율과 협력을 최우선으로 생각한다. 결과보다는 팀 간 협업 과정이 중요하며, 조직 분위기를 고려한 의사결정을 내린다. 이들은 평상시에 이런 피드백을 자주 한다.

"이거 진행하는 데 다른 부서 반응은 어때?"
"우리 팀 내에서 의견은 잘 조율됐어?"
"이 방식이 조직 전체에 미치는 영향은?"

이런 상사들에게는 단독으로 결정한 내용보다는, 팀 내 논의 과정이나 관련 부서와 협의한 내용, 조직 전체에 미치는 영향력 등을 고려해서 보고해야 효과적이다.

물론, 조직 내에 존재하는 수많은 상사를 단순히 특정 유형으로 구분하는 데는 한계가 있다. 세 가지 유형 이외에도 다양한 상사 유형이 존재할 수 있으며, 상황과 환경에 따라 상사의 성향이 달라질 수도 있다. 또한, 한 가지 성향만 보이는 것이 아니라 여러 특성이 복합적으로 나타나기도 한다.

그렇다고 해서 상사의 유형을 구분하는 작업이 전혀 의미 없는 일은 아니다. 마치 MBTI 유형을 알고 사람을 대하면 보다 적합한 소통방식을 찾을 수 있듯이, 상사의 성향을 어느 정도 파악하고 보고하면 더욱 효과적일 수 있다. 같은 내용을 보고하더라도 상사의 성향에 따라 강조할 부분을 조정하거나 보고 내용을 가감하면 보고의 수용도가 높아지고, 상사의 기대에 보다 부합하는 보고가 될 수 있다.

그렇다면, 구체적으로 어떻게 해야 상사의 유형에 맞춰 적절하게 보고할 수 있을까? 다음 글에서 좀 더 구체적인 방법과 실질적인 사례를 알아보도록 하자.

2. 성과 추구형 상사

성과 추구형 상사는 일의 결과와 속도를 최우선으로 생각하는 유형이다. 이들에게 보고는 빠른 의사결정을 내리기 위한 과정이지, 배경 설명을 듣거나 논의를 길게 이어가는 시간이 아니다. 핵심 없이 장황한 보고를 하면 바로 이런 말이 치고 들어온다.

"그래서 요점이 뭡니까?"
"결론부터 말하세요."

"언제까지 가능하겠어요?"

이들은 많은 업무를 동시에 처리해야 하기 때문에, 빠르고 신속한 결정을 내려야 하는 경우가 많다. 장황한 설명보다 핵심만 간결하게 전달하는 방식으로 상사의 의사결정 시간을 줄여주는 것이 효과적이다.

"이번 프로젝트의 배경을 먼저 설명드리겠습니다. 추진 경과는 다음과 같습니다. 그래서 처음에는 기존 방식으로 진행하려 했으나, 여러 변수가 발생했고…"라고 말하면 상사는 바로 말을 끊고 이런 피드백을 할 가능성이 높다.

"그래서 결론이 뭔데요? 도대체 하고 싶은 말이 뭡니까?"

핵심이나 결론을 먼저 제시하고 추가 설명을 짧게 덧붙이는 방식이 좋다.

"시스템 도입과 관련해서 기존에 고려하던 A안 대신 B안으로 추진하려고 합니다. A안이 안정성이 높기는 하지만 기간이 오래 걸리고 비용도 10% 증가합니다. 따라서 B안으로 추진하려고 합니다."

Part 2 보고 스킬

이렇게 보고하면 상사가 추가 질문을 할 수도 있지만, 실무자의 판단을 믿고 빠르게 의사결정을 진행할 수 있다. 의사결정을 차일피일 미루거나 일을 뭉개는 상사에 비해 일하기가 수월하다.

다만, 이런 상사들은 최초 업무 지시를 모호하게 하거나 간결하게 한다는 단점이 있다. 자신의 머릿속에는 이미 명확한 아웃풋이 자리하고 있기 때문에 직원도 이미 알고 있을 거라고 생각하는 경향이 크다. 일일이 세부 사항까지 챙기고 지시하는 것이 번거로워 간결하게 말하는 경우도 있다. 따라서, 이런 상사에게 업무 지시를 받을 때는 처음에 상사의 의도나 업무 방향성을 제대로 확인하는 것이 중요하다.

"이 프로젝트는 업무 효율성 개선을 위해서 진행하는 것으로 알고 있는데, 맞을까요?"

"가장 중점적으로 고려해야 할 요소가 무엇인지 확인하고 진행하겠습니다."

"이 업무의 최우선 목표가 비용 절감입니까, 효율성 개선입니까?"

마지막으로, 이런 상사들은 본인이 요청해서 보고를 받는 것보다 필요한 시점에 맞춰 보고자가 선제적으로 진행하는 보고를 선호한다. 상사가 먼저 "김대리, 프로젝트 어느 정도 진행됐나?"라고 묻는다면, 이는 이미 보고가 늦었다는 것을 의미한다. 중간보고를 통해 진행 상황을 주기적으로 보고하는 것이 중요하다. 굳이 대면 보고를 하지 않더라도 이메일이나 메신저를 활용해 간결하게라도 보고를 진행하는 것이 좋다.

"상무님, 지시하신 ○○업무는 현재 50% 진행되었으며, 마감기한 전에 완료할 예정입니다."

"본부장님. 현재 하반기 전략 보고서 작성은 상황 분석까지 진행했습니다. 특별한 이슈는 확인되지 않았지만, 고객 데이터는 좀 더 검토해봐야 합니다. 다음 주 화요일까지는 최종 정리된 자료를 보내드릴 수 있습니다."

이처럼 간단하게라도 중간보고를 하면 상사가 불필요한 질문을 던지는 상황을 줄일 수 있다. 또한, 업무의 흐름을 상사와 공유함으로써 추가적인 피드백을 받을 기회를 만들고, 상사와 신뢰를 형성하는 계기가 될 수 있다.

성과 추구형 상사 3대 공략 방법

① 배경 설명을 길게 늘어놓지 말고, 간결하게 핵심부터 보고한다.

② 최초 업무 지시를 받을 때 상사의 의도나 업무 방향성 등을 명확히 한다.
③ 중간보고를 통해 업무 진행 상황을 선제적으로 보고한다.

회사는 친목을 위한 곳도 아니고, 배우기 위한 곳도 아니다. 오로지 성과로 모든 것을 증명하는 곳이다. 또한 의사결정을 하고 어떤 일의 성과를 내는 데 많은 시간을 주는 곳도 아니다. 그래서 조직 내 많은 상사들이 성과 중심으로 일하고, 성과 지향형 성향으로 변하기도 한다. 이런 상사의 성향에 맞춰 위의 세 가지 방법을 적용한다면 좀 더 효과적으로 보고할 수 있을 것이다.

3. 업무 관리형 상사

업무 관리형 상사는 단순히 보고를 받는 것이 아니라 보고 내용을 검증하려는 태도가 강하다. 이는 직원에 대한 신뢰가 부족해서가 아니라, 일이 잘못되는 것을 미연에 방지하려는 성향에서 비롯한다. 따라서 이들에게 모호한 내용이나 불확실한 표현을 포함해서 보고하면 즉시 추가 질문이 들어온다.
"이게 정확한 수치인가요?"
"비교 분석 자료가 있습니까?"

"과거에 진행했던 사례나 타사 사례는 없나요?"

업무 관리형 상사는 데이터로 뒷받침되지 않는 내용은 일방적인 주장에 불과하다고 여기기 때문에 보고 내용을 신뢰하지 않는다. 아래 내용과 같이 구체적인 근거 없이 추상적으로 말하면 추가 질문을 받을 가능성이 높아진다.
"이번 마케팅 전략을 변경하면 효과가 클 것으로 예상됩니다."
"고객 반응이 대체로 긍정적인 것 같습니다."

업무 관리형 상사에게는 수치와 데이터를 포함하여 객관적인 근거를 갖춰서 보고해야 한다.
"A 전략과 B 전략을 비교한 결과, A 전략은 비용 대비 효율이 15% 향상되었습니다."
"고객 설문조사 결과, 응답자의 78%가 긍정적인 반응을 보였습니다."

또한, 이들은 자신의 상사에게 보고할 책임이 있기 때문에, 모호한 진행 상황이나 불분명한 업무 계획을 견디지 못하고 세부적인 내용을 자세히 알고 싶어한다.

(팀장) 브로슈어 작업 어디까지 진행되었나요?

(팀원) 잘 진행되고 있습니다.

이렇게 말하면, 팀장은 '잘? 정말 잘 진행되는 게 맞나', '이걸 위에 뭐라고 보고해야 하나?'라고 생각할 수밖에 없다. 업무 진행 상황을 좀 더 구체적으로 정리해서 보고해야 한다.

"총 5단계 중에서 3단계 디자인 시안까지 진행되었습니다. 추후 내용 검토와 발주를 거쳐 15일 오전 본사에 도착할 예정입니다."

마지막으로, 이런 상사들은 업무 과정에서 발생할 수 있는 리스크를 걱정하고 대비하려는 경향이 강하다.

(팀장) 이 일정대로 진행하면, 중간에 자재 수급이 문제될 가능성이 있지 않나?

(팀원) 그런 일은 한 번도 생각해본 적이 없는데… 글쎄요 크게 걱정하지 않으셔도 될 것 같습니다.

위와 같이 대응하면, 상사는 '대책이 없구나'라고 생각하며 불안해 할 가능성이 크다. 아래와 같이 3단계로 리스크 관련 질문에 답변하는 것이 효과적이다.

[① 인정 → ② 예방 대책 → ③ 발생시 대책]

첫째, 상사가 지적한 리스크에 무덤덤한 반응을 보이거나 발생 가능성을 부정하지 말고, 객관적으로 인정해야 한다. 상사의 우려를 단순히 "문제 없습니다", "별것 아닙니다"라고 부정하면 신뢰를 잃을 수 있다. 상사의 우려를 인정하면서, 문제를 이미 인지하고 있음을 보여주면 신뢰도가 높아진다.

둘째, 리스크 발생 가능성을 낮추는 사전 조치를 제시해야 한다. 상사가 가장 궁금해하는 것은 리스크의 사전 차단 가능성이다. 이때 리스크를 미연에 방지할 수 있는 예방 대책을 구체적으로 제시하면 상사의 불안을 줄일 수 있다.

마지막으로, 만약 리스크가 현실화되면 어떻게 대응할지 설명해야 한다. 상사는 최악의 경우를 대비한 플랜 B가 있는지를 중요하게 생각한다. 문제가 터졌을 때 즉각 대처하여 리스크에 대응할 수 있다는 확신을 주는 것이 중요하다.

지금까지 설명한 인정, 예방 대책, 발생시 대책으로 구분하여 리스크에 대응할 수 있다는 보고를 진행하면, 상사는 준비가 철저하다고 생각하고 보고 내용에 신뢰를 보일 가능성이 높다.

(팀원) (인정) 네, 자재 수급 문제는 가장 중요한 리스크 중 하나입니다. 실제, 작년에 유사한 프로젝트에서 비슷한 이슈가 발생한 적이 있습니다. **(예방 대책)** 그래서 공급업체와 협의해 사전 발주를 완료했고, 물류 지연을 최소화하기 위해 추가 재고도 확보해두었습니다. **(발생시 대책)** 만약 예기치 못한 문제가 발생하면, 대체 공급 업체를 활용할 수 있도록 미리 계약을 조정해둔 상태입니다.

업무 관리형 상사를 대할 때면 때때로 '너무 디테일하다', '마이크로 매니징이 심하다', '팀장이 아니라 실무자 같다'는 불만이 나올 수도 있다. 하지만 상사 입장에서는 그렇게 할 수밖에 없는 게 현실이다. 업무 진행 과정에서 문제가 발생하면 그 책임이 고스란히 상사에게 전가되기 때문이다. 따라서, 이런 상사를 이해하고 효과적으로 대응할 방법을 찾는 것이 더 현실적인 대안이다.

업무 관리형 상사 3대 공략 방법

① 일방적인 주장이 아닌 수치와 데이터 등의 근거를 제시하자.

② 두루뭉술하게 말고 구체적인 업무 내용을 정리해서 보고하자.

③ 리스크에 대한 대비책까지 강구해서 보고하자.

위의 세 가지 방식을 적용하여 업무 관리형 상사에게 보고하는 습관을 들이면, 상사의 신뢰를 얻게 되고 상사의 간섭이나 추가 질문이 점차 줄어들 것이다. 업무 관리형 상사와의 보고 과정이 훨씬 더 수월해질 것이다.

4. 관계 지향형 상사

관계 지향형 상사는 업무 성과나 진행 과정도 중요하게 여기지만, 그 과정에서 팀원 간의 협력과 조직 전체의 조화를 더욱 중시하는 유형이다. 보고 내용이 아무리 논리적이라고 할지라도 팀 내·팀 간 의견 조율 과정이 부족했거나 조직 전체에 미치는 영향력을 고려하지 않으면 보고 내용에 쉽게 수긍하지 않는 경향이 있다.

"다른 팀 의견은요?"

"우리 팀 부담은 없을까요?"
"이 방식이 조직 전체에 미치는 영향은 없겠습니까?"

따라서, 팀 내 의견 조율 과정이나 타부서와 협의한 내용까지 반영하여 보고하면 훨씬 효과적이다.
"어제 회의에서 팀원들과 논의한 결과, 이 방식이 가장 실행 가능성이 높다고 판단했습니다. 특히, 실무 담당자들도 기존 방식보다 효율적이라는 의견을 주었습니다."
"이 방안이 실행될 경우 영업팀에서 반발이 있을 수 있는데요, 사전에 지점장님들 협조를 구해서 크게 무리 없이 진행 가능할 것 같습니다. 또한, 인사팀과도 논의하여 자료 조사에 필요한 아르바이트 인력도 협의해놓은 상태입니다."

또한, 관계 지향형 상사는 팀원들과의 소통을 중요하게 생각하며, 팀원들이 자신의 의견을 존중하는지를 민감하게 살피는 경향이 있다. 자신이 했던 말을 팀원이 반영했다는 것은, 곧 팀장의 의견을 존중하고 있다는 신호로 작용한다. 반대로, 자신이 했던 말을 전혀 반영하지 않으면 자신의 의견이 무시당했다거나 팀원들이 내 말을 신경 쓰지 않는다고 생각할 수 있다. 이러한 상사의 성향을 고려해서 보고시 상사의 의견을 반영한 내용을 언급하면 긍정적인 피드백을 받을 확률이 높아진다.

"지난번 팀장님께서 강조하셨던 부분을 반영하여 A안을 B안으로 조정했습니다."

"이전 회의에서 팀장님께서 말씀하신 조직 간 협력 방향에 부합하는 내용으로 준비했습니다."

마지막으로, 관계 지향형 상사는 형식적인 보고보다는 자연스러운 대화 속에서 업무 진행 상황을 공유하는 방식을 선호한다. 공식적인 보고 자리에서만 의견을 전달하기보다, 일상적인 대화 속에서 자주 소통하는 것이 중요하다. 점심을 먹는 자리에서 가볍게 이야기할 수도 있고, 커피 한 잔을 마시며 자연스럽게 업무 진행 상황을 공유할 수도 있으며, 회의 전후나 이동 중 잠깐의 시간을 활용하는 것도 좋은 방법이다.

"팀장님, 오늘 점심 괜찮았죠? 참, 지난번 말씀하신 A팀 협의 건, 오늘 논의 마쳤습니다. A팀에서도 긍정적인 반응이더라고요."

"팀장님, 회의 시작 전에 B프로젝트 진행 건에 대해 간단하게 의견 여쭙고 싶어서요. 괜찮으시면 짧게 말씀 나눌 수 있을까요?"

이처럼 부담스럽지 않은 방식으로 대화를 유도하면, 관계 지향형 상사는 자연스럽게 의견을 수용할 가능성이 높다. 공식적인 보고 자리에서 긴장하며 보고하는 것보다, 일상에서 가볍게 진행 상황을 공유하는 것이 관계 지향형 상사에게 더 효과적인 보고 방법이 될 수 있다.

관계 지향형 상사 3대 공략 방법
① 팀내 조율 과정을 강조하고, 조직 전체 차원에서 고민한 내용을 포함하라.
② 상사의 감정을 고려하고, 사전에 상사의 의견을 반영해서 보고하라.
③ 스몰 토크를 활용하여, 자주 소통하고 자연스럽게 업무 내용을 보고하자.

관계 지향형 상사는 단순히 업무 결과만을 보고 받기보다는, 일의 진행 과정에서 발생하는 사람 간의 관계와 소통을 더욱 중요하게 생각한다. 때로는 이러한 접근 방식이 업무를 신속하게 진행하는 데 장애물이 될 수도 있고, 본질적인 문제 해결보다 조직 내부의 조율에 초점을 맞추게 되어 비효율적이라는 느낌을 줄 수도 있다. 하지만, 결국 조직이란 사람이 모여 함께 일하는 공간이며, 관계와 소통 또한 중요한 요소이다. 업무의 성공 여부는 단순히 논리적 타당성과 실행력만으로 결정되는 것이 아니라, 조직 내 협력과 팀워크를 얼마나 원활하게 유지하느냐에도 큰 영향을 받는다.

　이러한 특성을 고려할 때, 관계 지향형 상사에게는 논리적인 결론만 전달하는 것이 아니라, 업무 과정에서 이루어진 조율과 협력의 흐름을 함께 보고하는 것이 효과적이다. 단순한 결과 중심의 보고보다 관계적 맥락을 담아내는 것이 더 신뢰받는 보고 방식이 될 수 있다.

PART. 3

보고태도

Chapter 1
보고 시점

상사의, 상사에 의한, 상사를 위한 보고 시점 정하기

1. 보고는 타이밍의 예술이다

보고의 가치는 단순히 잘 정리된 내용에만 있지 않다. 언제, 어떤 순간에 전달되는지가 그 가치를 결정하기도 한다. 아무리 논리적으로 잘 정리된 내용도 보고 타이밍을 놓치면 효과적이지 못하고, 반대로 다소 부족한 보고도 적시에 보고되면 설득력이 올라갈 수 있다. 그만큼, 보고 타이밍을 잡는 능력이 중요하다는 뜻이다. 그래서 보고를 타이밍의 예술이라고도 한다. 그 타이밍을 예술로 승화시킬 수 있는 세 가지 방법을 소개한다.

보고 타이밍을 맞추는 세 가지 방법

① 보고 시점: 예정보다 10~20% 일찍 보고하기

② 시간대: 상사의 컨디션을 고려한 최적의 타이밍 잡기

③ 시작 멘트: 상사가 불안하지 않게 용건을 먼저 밝히기

1) 보고 시점: 예정보다 10~20% 일찍 보고하기

배달음식을 주문할 때 예상 도착시간이 40분이라고 했는데, 예상보다 빠른 29분에 도착하면 만족감이 올라간다. 이를 기대치 배반 효과라고 하며, 기대했던 것보다 실제 결과가 더 좋을 때 느끼는 만족감을 의미한다.

비슷한 원리로 기한에 딱 맞춘 보고보다 조금 더 여유 있게 마무리하여 보고하면, 기대치 배반 효과로 상사의 만족도가 올라갈 수 있다. 또한, 상사도 자신의 상사에게 보고해야 하는 경우가 있기 때문에 보고 내용을 검토할 시간적 여유가 필요하다. 예상보다 보고가 일찍 완료되어야 상사도 보고 내용을 검토하고 고민할 시간적 여유가 생긴다.

다만, 지나치게 일찍 보고하면 오히려 신뢰를 잃을 수 있다. '고민한 거 맞나?', '빨리 끝내려고 성의 없이 한 거 아니야?'라고 생각할 수도 있다. 또한, 너무 일찍 보고하면 상사가 보고 내

용을 잊어버려서 다시 보고해야 하는 상황이 벌어질 수도 있다. 따라서 완료 일정 대비 10~20% 정도 일찍 보고하는 것이 좋다.

최적의 보고 시점

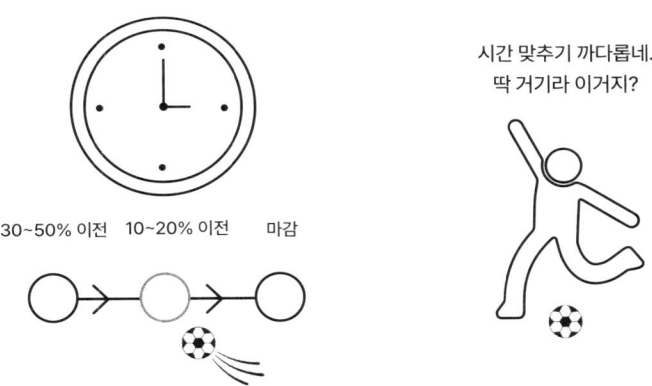

2) 시간대: 상사의 컨디션을 고려한 최적의 타이밍 잡기

보고 타이밍을 정할 때, 상사의 컨디션이나 일정을 고려해서 피해야 할 시간대는 확실히 피하는 것이 좋다. 먼저, 출근 직후는 피해야 한다. 상사도 출근 직후에는 정신이 없다. 이 시간은 회의 준비나 급한 업무로 바쁠 때가 많아서 보고 내용을 검토할 여유가 부족하다. 점심시간 직전은 누구나 배가 고프고 예민해지는 시간이다. 상사 역시 사람이기에, 배고픔을 느끼며 집중력이 떨어질 수 있다. 이때 보고하면 상사의 피로와 예민함으로 보고 내용이 부정적으로 평가될 위험이 있다.

오후 1~3시는 나른함이 밀려오는 시간이다. 집중력이 떨어져 보고 내용이 제대로 전달되지 않을 가능성이 높으며, 자칫하면 보고가 자장가로 들릴 수 있다. 퇴근을 앞둔 시간에는 상사가 이미 퇴근 준비를 하고 있을 가능성이 크다. 퇴근 후의 약속이나 가족과의 시간을 생각하며 한결 가벼운 마음으로 하루를 마무리하고 싶은 시점이기에, 복잡한 보고 내용을 받아들이기 어려울 수 있다.

반면, 상사가 내 보고를 집중해서 들어줄 수 있는 시간은 오전 10~11시다. 출근 직후의 분주함이 어느 정도 사라지고, 집중력과 에너지가 가장 높은 시간이다. 오후 4~5시 전후도 추천한다. 점심식사 후 찾아오는 나른함이 사라지고, 어느 정도 업무가 정리된 상태에서 퇴근에 대한 기대감까지 있는 시점으로 상사가 여유 있게 내 보고를 검토할 수 있다.

상사라고 해서 내가 보고하고 싶을 때, 무조건 찾아가서 보고해도 되는 것은 아니다. 상사도 하던 업무가 있고, 다른 일정이 있을 수도 있다. 급한 마음에 다짜고짜 보고를 진행하면, 준비가 덜 된 상사의 머릿속에 보고 내용이 제대로 전달되지 않을 수도 있다. 보고 내용도 중요하지만, 보고 이전에 상사의 입장과 시간을 존중하는 태도로 보고 시점을 정하는 것이 중요하다.

피할 시간은 피하고, 취할 시간은 취한다

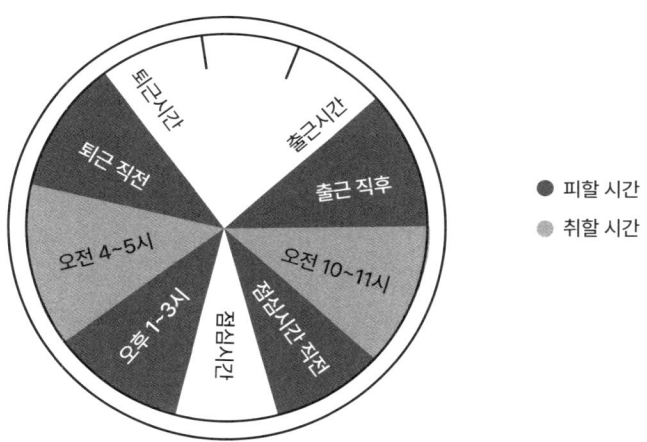

3) 시작 멘트: 상사가 불안하지 않게 용건을 먼저 밝히기

보고 시점을 잡는 것 만큼이나 보고를 시작할 때 매너를 갖추는 것도 중요하다. 흔히, 보고를 하는 순간 이런 말로 운을 떼는 경우가 있다.

"팀장님. 혹시 시간 되세요?"

"팀장님. 드릴 말씀이 있습니다."

part 3 보고 태도

이 말에 팀장은 심장이 덜컥 내려앉거나 불안감에 휩싸일 수 있다.

'무슨 할 말이 있지? 그만둔다고 하나?'

'무슨 사고 쳤나?'

보고의 시작부터 팀장을 불안하게 할 이유가 없다. 좀 더 세련된 방법으로 보고의 시작을 알릴 필요가 있다. 용건을 밝히는 방법으로 가능하다.

"팀장님. 하반기 전략 보고 관련 건으로 보고 드릴 사항이 있습니다."

좀 더 매너를 갖춘 방식은 예상 소요 시간을 언급하는 것이다.

"팀장님. 하반기 전략 보고 관련 건으로 보고 드릴 사항이 있습니다. 15분 정도 걸리는데 시간 괜찮으세요?"

여기서 한 발 더 나가면 팀장에게 선택권을 주는 방식을 적용할 수 있다.

"팀장님. 하반기 전략 보고 관련 건으로 보고 드리려고 하는데요. 15분 정도 소요됩니다. 지금이 좋을까요? 아니면 편하신 시간 말씀해 주시면 그때 보고 드리겠습니다."

보고 시작 멘트

적절한 타이밍을 맞춘 보고는 내용 이상의 가치를 발휘한다. 보고의 성공은 작은 타이밍 차이에서 시작되며, 타이밍을 읽어내는 감각은 보고의 핵심 기술이자 전략이다. 언제 보고할지 고민하는 그 순간부터, 보고는 비로소 예술이 될 수 있다.

2. 한 방에 보여주려는 욕심을 버리고, 중간보고를 하자

최종보고를 마친 후, 상사에게 이런 피드백을 들어본 적이 있을 것이다.

"내가 생각한 거랑 다르네."

"중요한 부분이 빠졌어."

"내가 지시한 내용이 반영되지 않았네."
"중간에 추가 사항이 있었는데, 그 부분을 내가 이야기 못 했네."
"상황이 바뀌어서 그거 A가 아니라 B로 준비해야 하는데."

최대한 고민해서 보고를 진행했지만, 상사의 반응은 예상과 다를 때가 많다. 보고 내용이 완벽하다고 생각했는데, 정작 피드백을 받고 나면 머릿속이 하얘지고 온몸의 힘이 빠진다. 어디 하소연할 곳도 없이 속만 답답해질 뿐이다.
'처음부터 이야기를 해주시든가.'
'그럴 거면 본인이 하시든가요.'

이런 말이 턱끝까지 차오르지만, 입 밖에 낼 수 있는 말은 "넵"이나 "수정하겠습니다" 정도일 뿐이다. 물론, 상사의 지시가 모호했던 것도 문제이지만, 중간보고를 하지 않은 보고자 탓도 크다.
중간보고는 상사와 함께 업무의 전체적인 방향성을 확인하고 점검할 수 있는 중요한 절차이다. 업무의 방향성이 틀어져 처음부터 다시 진행하는 참사를 방지하는 안전 장치이자, 상사가 막연한 불안감이나 궁금증을 갖지 않도록 안내하는 업무의 네비게이션이다.

또한, 중간보고를 하면 최종보고에 대한 부담을 줄일 수 있다. 중간보고 없이 최종보고를 하면 수정 사항이 최소 10개 이상 우수수 쏟아진다. 차라리 처음부터 다시 하는 게 낫다 싶을 정도의 고통이 따른다. '매도 먼저 맞는 것이 낫다'라는 말처럼 중간보고를 통해 한 차례 수정을 하면 최종보고에서 수정할 사항이 줄어들어 업무 부담이 줄어든다.

하지만, 무턱대고 하는 중간보고는 안 하느니만 못하다. 아래 세 가지 방법을 추천한다.

중간보고를 잘하는 세 가지 방법
① 케이스 바이 케이스로 건건이 하지 말고, 묶어서 한 번에 한다.
② 업무 내용을 완료한 내용과 해야 할 일로 구분해서 한다.
③ 업무 성격에 따라 적절한 시기를 선택해서 한다.

첫째, 내용을 정리해서 한꺼번에 보고해야 한다. 건마다 보고하는 것만큼 무능한 것도 없다. 보고할 것이 생길 때마다, 궁금한 게 있을 때마다 쪼르르 달려가서 보고한다면 상사 입장에서는 시간도 뺏기고, 정리가 안 된 보고에 짜증이 날 수 있다. 한 번에 정리해서 보고하는 것이 좋다.

"팀장님, ○○조사 관련해서 세 가지 보고 드릴 사항이 있습니다. 첫째, ○○○○ 관련 내용입니다. 둘째, ○○○○ 부분에서 추가 검토가 필요합니다. 셋째, ○○○○에 대한 결정을 부탁드립니다."

둘째, 업무 진행 상황을 단계별로 정리해서 보고해야 한다. 막연히 "진행 중입니다"라고만 하면, 상사는 어느 정도 진행되었는지 감을 잡기 어렵다. 현재까지 「완료」한 부분과 앞으로 「진행」할 부분을 구분해서 보고하는 것이 효과적이다.

"팀장님. 시장조사 보고서 작업 진행하고 있는데요, 상황 분석이랑 고객 불만을 도출하는 작업까지 완료해서 현재 50% 정도 진행된 상황입니다. 향후 전략 도출이랑 액션 아이템 작성하면 다음 주 월요일에는 최종보고 드릴 수 있습니다."

이렇게 현재까지 진행 내용과 앞으로의 계획을 함께 보고하면, 상사도 업무 진행 상황을 정확하게 파악하고 이에 맞는 적절한 피드백을 할 수 있다.

셋째, 중간보고 시기를 어떻게 잡을지도 중요하다. 먼저, 하루 정도 소요되는 업무는 오후에 짧게 구두 보고나 메모를 통해 간단히 보고하는 것이 좋다.

"팀장님, 오전에 지시하신 내용의 절반 정도 완료했습니다. 추가로 첨부 자료만 작성하면 오후 4시쯤 최종 완료될 예정입니다."

이틀에서 닷새 정도 걸리는 업무의 경우, 절반 정도 진행된 시점에서 현재까지 진행한 결과와 남은 계획을 공유하는 것이 효과적이다.
"팀장님, 보고서 초안 작성이 50% 정도 완료되었습니다. 주요 데이터 정리는 끝났고, 결론 부분과 검토 작업만 남았습니다. 내일 모레까지 마무리해서 초안 공유 드리겠습니다."

일주일 이상 소요되는 장기 업무는 정기적인 중간보고가 필요하다. 정기적인 보고 일정을 미리 정해두면 상사도 업무의 흐름을 파악하기 쉽고, 불필요한 확인 요청을 줄일 수 있다.
"팀장님, 이번 프로젝트의 경우 매주 수요일 오전에 간략하게 진행 상황을 보고 드리고 피드백을 받고자 합니다."

물론, 되도록 상사와 마주치는 횟수를 줄이는 것이 나의 행복지수(?)를 높이는 방법임에 틀림없다. 하지만, 상사가 묻기 전에 선제적으로 중간보고를 하는 방법이야말로 상사와 마주치는 횟수를 줄일 수 있는 가장 효과적인 방법이다. "언제까지 되겠어?", "그거 반영되었나?", "얼마나 남았지?" 등으로 시시각각 나를 찾게 하는 것보다 중간보고 한 방으로 그 횟수를 단 한 번으로 줄일 수 있다.

'완벽하게 준비해서 한 방에 보고해야지'라는 생각은 불행의 씨앗이 된다. 한 방에 끝내려다가 도리어 처음부터 다시 시작하는 일을 반복하지 않으려면, 중간보고를 적극적으로 활용해야 한다. 보고도 과정이다. 과정이 탄탄해야 결과도 탄탄하다.

3. 짧게, 자주, 편하게 소통하기

어느 날 친구 부부와 캠핑을 갔다가 '세상 참 좋아졌구나'라고 느낀 순간이 있었다. 캠프파이어를 하려고 친구가 참나무 장작을 쌓고 있을 때, 나는 가만히 있기 뭐해서 불쏘시개로 쓸 종이나 마른 나뭇가지를 모으고 있었다. 그때, 친구가 히죽 웃으며 나를 막아섰다.

"야, 요즘 아무도 그렇게 불 안 붙여. 이거 하나면 끝이야."

그렇게 말하며 친구는 깍두기 모양의 이상한 물체를 숯 위에

올리고 불을 붙였다. 바로 착화제였다. 그 작은 조각 몇 개 덕분에 장작에 불이 붙기까지 채 몇 초도 걸리지 않았다. 아주 효과적인 방식이었다.

불을 붙이는 방법도 시대에 따라 변하듯, 보고 방식도 마찬가지다. 한꺼번에 모든 내용을 모아서 한 방에 보고하기보다, 수시로 자주 보고하는 것이 효과적일 때가 많다. 최종보고라는 커다란 장작에 불을 붙이기 전에, 착화제와 같이 가볍게 의견을 나누는 시간을 자주 가지는 것이다.

[보고계의 착화제 = 비공식적인 대화와 수시보고]

이렇게 보고하는 방식이 효과적인 이유는 사람의 심리 성향과 깊은 관련이 있다.

첫째, 사람은 익숙한 것에 끌리는 경향이 있다. 최종보고의 순간, 상사가 처음 접하는 내용이라면 낯설고 거부감이 들 수 있다. 하지만 사전에 짧게라도 의견을 교환하고 수시로 내용을 공유한다면, '내가 어느 정도 알고 있는 내용이네'라는 인식을 심어줄 수 있다. 이렇게 익숙하게 느껴지도록 하면 보고 내용을 받아들이는 장벽이 낮아진다. 또한, 최종보고에서 처음 접하는 내용은 검토 시간이 길어지거나 추가 질문이 많아질 가능성이 크지만, 미리 의견을 조율한 내용은 보고 시점에서 「이미 합의된 안건」처럼 받아들여져 의사결정 속도가 빨라질 수 있다.

둘째, 책상머리보다 밥상머리에서 수용력이 올라간다. 사람은 환경의 영향을 받는 동물이다. 책상 앞에서 진행하는 공식 보고에서는 상사의 책임감과 권위의식이 발동하면서 생각이 날카롭고 비판적으로 흘러갈 가능성이 크다. 자연스럽게 질문이 많아지고 반대 의견도 늘어나게 된다. 반면, 편한 자리에서 나누는 비공식적 대화는 상사의 방어적인 태세를 낮추고, 생각을 더 유연하게 만드는 데 도움이 된다. 공식적인 자리에서는 반사적으로 거부할 내용도, 가벼운 대화 속에서는 부담 없이 받아들일 가능성이 높아진다.

셋째, 사람은 익숙한 대상에게 더 큰 신뢰감을 느낀다. 자주 대화하고 의견을 조율하는 과정에서 자연스레 관계가 돈독해지고, 신뢰가 쌓인다. 신뢰가 쌓이면 단순히 보고를 「받아들이는 정도」가 아니라, 상사의 적극적인 지지를 받을 가능성도 높아진다.

[보고는 단순한 정보 전달이 아니라

관계를 구축하고 튼튼하게 하는 과정이다.]

직장생활을 하면서 목표와 동기부여 방식은 각자 다르겠지만, 대다수 직장인은 상사의 인정을 받고 싶어한다. 사실 상사도 마찬가지다. 상사도 한 사람의 인간이자, 직장인이기 때문이다. 상사도 팀원들에게 인정받고 싶고, 리더로서 존중받고 싶어 한다. 그리고 그걸 가장 적극적으로 확인받는 순간이 바로 직원들이 자주 보고하고 미주알고주알 이야기해줄 때이다.

마른 장작이든 젖은 장작이든 불을 붙이려면 착화제가 필요하듯이, 보고에도 「비공식적인 대화」라는 착화제가 필요하다. 보고의 순간, 작은 불씨를 먼저 피워보자. 최종보고라는 커다란 장작도 자연스럽게 타오를 것이다.

Chapter 2
보고 지시

보고의 시작이자 완성은
업무 지시를 받는 순간에 있다

1. 제대로 이해해야, 제대로 보고할 수 있다

전투에서 포병이 대포를 발사할 때, 조준이 단 1도만 어긋나도 포탄이 목표 지점에서 1km 이상 벗어날 수 있다고 한다. 이를 「1도 이론」이라고 부르는데, 처음에는 미세한 차이지만 시간이 지날수록 오차가 크게 벌어진다는 의미다.

업무도 마찬가지다. 최초 업무 지시를 받을 때 「1도」라도 상사의 지시 내용을 잘못 이해하면, 최종 결과는 상사의 기대와 완전히 달라질 수 있다. 결국 상사의 입에서 나오는 말은 "내가 언제 이렇게 하라고 했어?"밖에 없다.

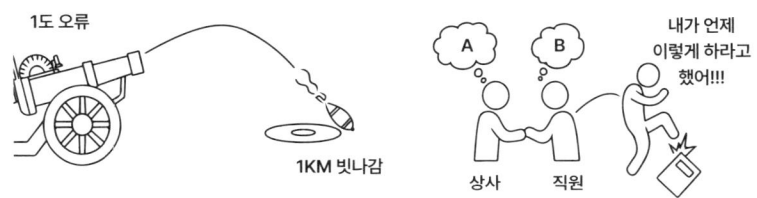

사실, 그런 말을 들으면 억울한 마음이 들 수 있다. '분명 그렇게 말씀하셨는데…'라고 생각할 수도 있다. 하지만, 현실적으로 업무 지시가 모호한 상사를 탓하거나 책임을 묻기에는 한계가 있다. 물론, 상사가 좀 더 명확하게 업무를 지시하면 좋겠지만, 지시가 불분명하다는 것이 업무를 제대로 하지 못한다는 핑계가 될 수는 없다. 업무 지시가 모호하다고 답답하게 생각하기보다, 좀 더 주도적으로 상사의 업무 지시를 해석하고 정리하는 노력이 필요하다.

상사의 모호한 업무 지시를 명확하게 파악하려면 네 가지 핵심 요소를 확인해야 한다. 정립된 이론은 아니지만, 업무를 보다 명확하게 이해하기 위한 방법을 고민하며 「상사(BOSS)」라는 단어에 착안해 「B.O.S.S 스킬」이라는 이름으로 정리해보았다.

상사의 업무 지시를 제대로 파악하기 위한 B.O.S.S 스킬
① **B**ackground(배경): 업무 지시 배경이나 목적
② **O**utput(산출물): 최종 결과물, 업무 범주와 주요 내용
③ **S**etting(범위): 의사결정 범위, 자율권한 설정
④ **S**chedule(일정): 업무 일정, 보고 시기

가장 중요한 일이자 먼저 해야 할 일은 업무 배경(Background)을 이해하는 것이다. 업무의 목적과 이유를 모르면 단순히 시키는 대로만 하게 되고, 본질을 놓치게 된다. 예를 들어, 상사가 "고객 불만 데이터를 정리해줘"라고 했을 때, 단순한 상황 파악용인지, 고객 응대 개선을 위한 분석 자료인지에 따라 업무 내용이나 보고 방식이 달라진다.

"이 데이터가 어떤 의사결정을 위한 자료인가요?"
"어디에 활용될 자료인가요?"
"이 데이터를 필요로 하는 목적이 뭔가요?"

위와 같은 질문을 통해 업무 배경이나 목적을 확인해야 좀 더 효과적으로 업무를 수행하고 제대로 된 보고를 할 수 있다.

배경을 이해했다면, 산출물(Output)을 명확히 해야 한다. 같

은 내용을 다루더라도 최종 결과물의 형태에 따라 업무 내용이나 보고 방식이 달라진다. 예를 들어, "경쟁사 분석 자료를 만들어줘"라는 지시를 받았을 때, 단순히 텍스트 보고서를 만드는 것인지, 시각적으로 정리한 PPT가 필요한지, 핵심 수치만 정리한 1페이지 요약이 필요한지 등을 확인해야 한다.

또한, 업무 범위나 구체적인 내용을 확인하는 것도 중요하다. 해야 할 일과 하지 않아도 될 일을 구분하지 않으면 불필요한 작업이 늘어나고 시간이 낭비되기 때문이다. 예를 들어, "○○ 관련 제품 매출 자료 정리해줘"라는 지시를 받았다면, 국내 시장만 다룰 것인지 해외 시장까지 포함할 것인지, 최근 6개월 데이터를 분석할 것인지 3년치를 볼 것인지 등을 확인해야 한다. 이를 확인하지 않고 업무를 진행하면, 나중에 "이건 필요 없는데 왜 분석했어?", "신제품 분석 자료는 누락되어 있는데?" 등의 피드백을 받을 수 있다.

다음으로 의사결정 범위(Setting)를 명확히 해야 한다. 업무를 수행할 때 어디까지 스스로 결정할 수 있고, 어떤 부분에서 상사의 확인이 필요한지 명확히 구분해야 한다. 모든 업무를 상사의 지시대로만 수행할 필요는 없다. 주어진 업무 내에서 자율적으로 판단할 수 있는 영역을 파악하면 업무 속도를 높이고, 불필요한 승인 절차를 줄일 수 있다.

"브랜드 비교 방식은 제가 정해서 진행해도 될까요?"

"보고서 형식은 기존 틀을 따를까요, 아니면 제가 판단해서 작성해도 될까요?"

반면, 중요한 방향성이나 최종 의사결정이 필요한 사항은 상사의 피드백을 받는 것이 좋다.

"프로젝트 멤버 구성은 일단 초안 잡아보고 팀장님 확인을 받은 다음에 공지하면 될까요?"

마지막으로, 명확한 일정(Schedule)을 확인해야 한다. 상사 성향에 따라 다르겠지만, 대부분의 상사는 "되는 대로 줘", "최대한 빨리 해줘"라고 불분명하게 일정을 알려주는 경우가 많다. 이때 불필요한 오해를 줄이기 위해서 명확한 일정을 합의하는 것이 중요하다.

"최대한 빨리면, 오늘 5시까지 보고드리면 될까요?"

"이번 주 목요일 오후 3시까지 제출해도 될까요?"

이때, 단순히 마감일만 확인하는 것이 아니라, 중간 점검 시기와 업무의 우선순위까지 고려하는 것이 좋다.

"우선, 초안 먼저 작성해서 이메일이나 구두로 내일 오전 중에 보고할까요?"

"A와 B 중에 A 업무가 좀 더 급해 보이는데, 혹시 A를 먼저 진행해서 수요일까지 완료하고, B는 상황 보면서 천천히 준비해도 될까요?"

보고를 잘하는 사람과 그렇지 못한 사람의 차이는 처음에 업무를 얼마나 정확하게 이해하는지에서 갈린다. 상사의 지시를 단순히 듣는 것이 아니라, B.O.S.S 스킬을 활용해 입체적으로 해석하고 명확하게 정리한다면 업무도 효율적으로 수행하고, 보고도 효과적으로 할 수 있다. 보고의 완성은 보고하는 순간이 아니라, 업무 지시를 받는 순간에 시작되고 완성된다.

2. 잘 듣지만 말고, 확인하는 절차를 거치자

앞서 업무 지시를 제대로 이해하고 정리하는 방법에 대해 알아보았다. 사실 업무 지시는 잘 듣는 것만으로는 충분하지 않다. 상사의 요구와 내 해석 사이에 미묘한 차이가 있을 수 있기 때문이다. 상사의 지시를 제대로 이해했는지 상호 확인하는 과정이 필요하다.

상사의 요구와 내 해석 사이의 간극을 줄이고 업무 지시 내용을 명확하게 확인할 수 있는 방법으로는 「패러프레이징」과 「제로 드래프트」가 있다.

업무 지시를 확인하는 두 가지 방법

패러프레이징 　　　　　**제로 드래프트**

업무 지시 내용을 재해석해서　　초안의 초안을 빠르게 작성해서
간결하게 다시 말하기　　　　　상사에게 확인받기

먼저, 패러프레이징은 상사가 말한 것을 재해석해서 다시 말하는 방법이다. 군대를 다녀온 남자들이라면 알고 있을 법한 「복명복창」과 유사한 의미라고 생각해도 된다. 다만, 상사의 말을 똑같이 따라 하는 게 아니라, 자신의 해석을 더해서 핵심만 간결하게 말해야 한다.

"팀장님 이런 이유로 이렇게 하라고 하시는 말씀이 맞죠? A,

B, C 내용이 포함돼야 하는 거고, 보고는 다음 주 월요일 오전 중으로 하면 되겠네요."

패러프래이징을 통해 상사의 의도, 업무 내용, 일정 등을 확인한 후, 상사가 "그래 맞아"라고 하면 그 내용을 토대로 업무를 진행하면 된다.

(팀장) 작년에 런칭한 OO플랫폼 리뉴얼 기획안 최대한 빨리 정리해줘.

(팀원) 고객 유입이 떨어져서 유입 증대를 위한 개선 방안으로 정리하면 될까요? 현재 저희 플랫폼이 타사 플랫폼과 차별화된 점도 없는데, 이에 대한 방안도 포함하면 좋을 것 같습니다. 보고서는 팀장님 검토용이시죠? 3일 안에 정리해서 보고드리려고 하는데, 괜찮을까요?

(팀장) 정확하게 이해했네. 다음 주 월요일 오전에는 검토해야 하니까, 3일 안에만 정리하면 되겠네. 고생 좀 해줘.

만약, 내가 놓친 부분이 있거나 틀린 부분이 있다면, 상사가 수정해주거나 바로잡아주기도 한다.

(팀장) 다 좋은데. 아마 이사님까지는 보고해야 할 것 같으니

까, 상반기 IT 전략과 관련성도 추가해주고, KPI에 미치는 영향력도 포함해줘. 기간은 여유 있으니까 다음 주 금요일 오전까지만 작성해주고.

　이렇게 패러프레이징을 통해 업무 배경과 아웃풋, 내용, 기간 등을 확인하는 절차를 거치면 상사의 핵심 요구 사항을 명확하게 파악할 수 있고, 잘못된 해석이 있었다면 즉시 수정할 기회를 가질 수 있다.

　하지만, 업무 지시가 끝난 직후 상사가 말한 것을 전부 이해해서 확인하기가 쉽지만은 않다. 어느 정도 경험이 쌓여야 가능한 일이다. 이때 활용할 수 있는 방법으로 제로 드래프트를 추천한다. 제로 드래프트는 《프로페셔널의 조건》이라는 책에서 피터 드러커가 주창한 개념으로, 요즘 말로 V1(버전 1)이 아니라 V0(버전 0)을 준비한다는 뜻이다.

<blockquote>
First Draft(초안)가 아닌

Zero Draft(초안의 초안)를 작성하라.

– 피터 드러커 –
</blockquote>

우선, 업무 지시를 받는 자리에서는 상사의 지시를 빠짐없이 메모하고 자리로 돌아온다. 다음에, 메모 내용을 토대로 상사의 지시사항을 정리하여 최대한 빠른 시간 안에 다시 한 번 상사에게 확인을 받는다. 한마디로, 본격적인 업무 진행에 앞서 초안의 초안을 작성하여 상사와 커뮤니케이션을 하는 것이다.

제로 드래프트는 구체적인 내용이나 완성도보다는 전체적인 방향성과 내용 구성을 확인하는 데 중점을 둔다. 분량은 A4 반 페이지에서 1페이지 정도로 작성하고, 주요 내용은 목적, 주요 내용, 최종 결과물 형태, 참고 자료 등으로 구성한다. 형식에 구애받을 필요도 없다. 워드나 PPT 문서로 정리해도 되고, 이메일이나 간단한 메모, 구두 보고로 진행해도 상관없다. 빠르게 확인이 필요한 경우 구두 보고가 효과적이고, 상사가 꼼꼼하게 검토해야 하는 경우 이메일이나 문서로 공유하는 것이 더 적절하다.

뭔가 「거리」가 있어야 상사와 논의할 내용도 생긴다. 백지상태에서 서로 이야기해봐야 시간 낭비일 뿐이다. 그 「거리」를 만들어서 빠른 시간 내에 상사에게 가져가는 것이 제로 드래프트의 본질이다. 상사의 의도를 명확히 이해하고 필요한 피드백을 빠르게 반영해서 보고의 효과성과 효율성, 두 마리 토끼를 모두 잡을 수 있는 현명한 방법이다.

제로 드래프트 예시

OO 시장 조사 보고서 Ver.0

1. 배경
   - 신규 시장 진출 가능성 타진 및 중장기 전략 수립에 참고
2. 주요 내용
   - 시장 분석: 현재 시장 규모, 성장 가능성
   - 경쟁사 분석: 주요 경쟁사, 자사와 비교
   - 고객 분석: 주요 고객층, 소비 패턴
   - 리스크 요인: 규제 변화, 경제적 리스크
3. 최종 결과물 형태
   - 보고서: PPT 보고서 10장 내외
4. 참고 자료
   - 외부 자료: 시장조사 보고서, 통계 자료
   - 내부 자료: 기존 고객 데이터, CS 피드백

패러프레이징과 제로 드래프트의 활용
① 패러프레이징: 듣자마자 바로 확인하는 방식
② 제로 드래프트: 기본 틀을 잡고 난 후 피드백을 받는 방식

옷의 첫 단추가 잘못 끼워지면 옷을 모두 벗고 다시 입어야 하는 것처럼, 업무의 시작점이 잘못되면 처음부터 다시 해야 한다. 패러프레이징을 하든 제로 드래프트를 하든, 업무의 시작점에서 상사와 컨센서스를 형성하고 업무를 진행한다면 업무 효율성도 올라가고 보고의 완성도도 올라갈 것이다.

3. 알쏭달쏭 상사어 해독기

상사들은 가끔 직접적인 표현이 아니라 모호한 표현을 쓸 때가 많다. 부하직원이 알아서 해석하고 적절히 처리해주기를 바라지만, 부담을 주고 싶지는 않기 때문이다. 문제는 상사의 의도와 달리 직원이 이를 표면적으로 받아들이고 아무런 조치를 하지 않을 때 벌어진다.

물론, 상사의 말을 있는 그대로 받아들이면 몸도 편하고 마음도 편할 수 있다. 하지만 좀 더 주도적으로 일하고 성장하고 싶

다면, 상사의 말을 적극적으로 해석할 필요가 있다. 귀를 기울이고 적극적으로 해석하여 상사의 숨은 메시지를 파악해야 한다.

1) 업무 지시인 듯 지시 아닌 지시 같은 말
① 시간 되면 한 번 봐봐.
이 말을 곧이곧대로 해석하면, 중요한 일은 아니니 여유가 있을 때 한 번 생각해보라는 의미처럼 들린다. 하지만, 이렇게 말한 상사의 속내는 다음과 같은 경우가 많다.

'바쁜 건 알지만, 이거 지금 바로 확인하고 중요한 내용 있으면 빠르게 보고해줘.'

상사는 일을 반드시 해야 한다는 압박감을 주지 않으면서도 가능한 신속하게 처리되길 바랄 때 이런 표현을 사용한다. 시간을 두고 여유 있게 처리해도 될 것 같지만, 즉시 확인이 필요할 가능성이 높으므로 바로 검토한 후에 요점을 정리해서 빠르게 보고하는 것이 좋다.

② 요즘 이런 게 유행하더라. 이런 사례가 있더라.
단순히 새로운 트렌드나 사례를 공유하며 상대방이 정보를 알고 있는지 확인하는 질문처럼 보인다. 하지만, 이와 같이 말하

는 것은 단순히 정보를 공유하거나 확인하기 위함이 아니다. 상사의 속내는 해당 사례를 분석해서 우리 조직이나 업무에 적용할 수 있는 방안을 찾아보라는 뜻에 가깝다.

'이런 사례를 참고해서 우리도 더 좋은 안을 마련하고 보고해줘.'

상사는 이처럼 직접적으로 지시하지 않고 우회적으로 넌지시 업무를 지시하는 경우가 많다. 이런 시그널을 놓치고 단순히 '아 그런 게 있구나' 하고 넘어가서는 안 된다. 해당 사례가 어떤 배경에서 나왔으며, 어떤 요소가 성공에 영향을 미쳤는지 조사한 후, 우리 조직에서 적용 가능한 점을 검토해서 보고하는 것이 좋다.

⑤ 최근에 A사에서 이런 사고 터졌다면서?

단순히 A사에서 발생한 사고 소식을 공유하며 상대방이 이 사건을 알고 있는지 확인하는 것처럼 보인다. 하지만, 이 또한 단순한 정보 공유가 아니다. 상사는 혹시나 하는 걱정에 A사의 사례를 반면교사 삼아 우리 조직이 같은 위험을 가지고 있는지 점검하고, 필요한 예방 조치를 마련하라는 숨은 의도를 가지고 한 말이다.

'우리 회사나 팀에서도 비슷한 문제가 발생할 가능성이 있는

지 조사해봐.'

해당 사고의 관련 내용을 조사하고, 우리 조직이나 팀에서 비슷한 문제가 발생할 가능성이 있는지 분석해야 한다. 만약 유사 사고 발생 가능성이 있거나 취약한 부분이 발견된다면, 이를 사전에 보완할 수 있는 대책이나 점검 항목을 마련해서 보고하는 것이 좋다.

④ 요즘 이게 걱정이야. 이거 때문에 골치 아파.

이렇게 말하는 상사는 단순히 개인적인 우려를 드러내며 고민을 나누고 싶은 것이 아니다. 인정하기 싫지만, 직접적인 업무 지시인 경우가 많다.

'같이 고민해서 해결 방안을 제시해줘.'

이때, 단순히 "네, 맞습니다" 혹은 "저도 걱정됩니다"라고 공감하는 수준에서 끝나면 안 된다. 상사는 연인도 아니고, 친구도 아니다. 상사의 걱정을 해결하는 방법을 고민하고 제시해야 한다. 빠르게 실행 가능한 대안과 근본적인 문제를 해결할 수 있는 장기적인 방안을 고민해서 함께 제시하면 좋다.

2) 칭찬인 듯 칭찬 아닌 말

① 지금 방식도 나쁘지 않은 것 같아.

현재 진행 방식에 대해 긍정적인 평가를 하면서, 그대로 유지해도 괜찮다는 뉘앙스가 느껴지는 말이다. 하지만, 이 말의 숨은 의도는 현재 방법이 완전하지 않으니 추가 대안을 고민해보라는 뜻이다.

'현재 방식이 나쁘지는 않지만, 추가 대안도 고민해보고 그게 불가능하면 현재 방식을 보완할 수 있는 방법을 찾아봐.'

어떤 부분에서 개선이 필요한지 질문을 통해 확인하고, 보완할 수 있는 방안을 추가적으로 고민해야 한다. 또는 기존 대안과는 다른 몇 가지 추가 대안을 찾아서 보고하는 노력이 필요하다.

② 수고했어. 내가 다시 확인해볼게.

상사가 확인해본다고 했으니, 그러려니 하고 넘어가서는 안 된다. 이 말의 속뜻은 보고 내용이 마음에 들지 않았다는 것에 가깝기 때문이다.

'네가 보고한 내용이나 해결책에 대해 100% 확신이 안 서니, 내가 다시 검토할게.'

상사가 어떤 부분에서 확신이 없는지 질문을 통해서 확인하고, 필요한 경우 추가적인 데이터나 참고 자료를 찾아 제공하려는 노력이 필요하다.

❸ 이거 그대로 진행하면 될까? 이 정도면 충분할까?

현재 수준으로 충분할 것 같다는 의견처럼 들린다. 하지만, 이 말의 이면에는 상사의 불안함이 공존한다. 상사도 한 명의 사람인지라 불완전하기 때문에 이렇게 말하며 확인하는 경우가 많다.

'내가 보기엔 괜찮지만, 혹시 더 보완할 점이 있으면 말해봐.'

이때, "좋습니다." "그대로 진행해도 괜찮습니다"라고 단순히 답하는 것이 아니라, 위험 요소나 보완할 점이 없는지 확인한 후 답변하는 것이 좋다. 고민할 시간이 필요하다면, "조금 더 고민해서 다시 말씀 드리겠습니다"라고 조치한 후 추후 보고를 진행하는 것도 좋다.

때때로 상사의 말이 '하라는 거야, 말라는 거야', '칭찬이야 먹이는 거야?'처럼 모호하게 들릴 때가 있다. 하지만 행간을 읽고 숨은 의도를 파악하는 적극적 경청의 태도를 가지면 찰떡같이 알아듣는 능력을 키울 수 있다. 또한, 상사의 말 속에 숨은 신호를 읽고 선제적으로 대응하는 태도를 갖춘다면, 더 주도적으로 일하고 성장하는 기회를 얻을 수 있다.

Chapter 3
보고 매너

Manner makes 보고,
매너가 보고의 완성을 좌우한다

1. 내가 할 말만 생각하지 말고, 상사의 말을 경청하자

예전에 회사에 다닐 때 사장님께 보고를 하다가 생긴 일이다. 이런저런 보고를 이어가던 중 사장님이 말을 끊고 본인 이야기를 시작하셨다. 물론 좋은 말씀이었지만, 보고를 하는 입장에서는 다음 내용을 어떻게 설명할지가 더 중요하기 때문에 머릿속으로 다음 보고 내용을 고민하고 있었다. 아니나 다를까, 날카로운 사장님 눈에 그게 거슬렸던 모양이다.

"임과장. 내 말 듣고 있어? 내가 보기엔 듣고 있는데, 듣고 있지 않는 것 같은데?"

 순간, 등골이 오싹해지고 식은땀이 흘러내렸다. 너무 정곡을 찔려서 "죄송합니다"밖엔 할 말이 없었다. 그날 이후 내 머릿속에 깊이 박힌 말이 있다.
 "듣고 있지만, 듣지 않는다."

 우리가 누군가와 대화를 할 때, 상대방의 말에 온전히 집중하기가 쉽지 않다. 상대방이 하는 말을 듣고 뇌가 자극을 받아 나도 모르게 하고 싶은 말이 떠오르기 때문이다. 그러다 보니 온전히 상대방 이야기를 듣지 못하고 다음에 할 말을 고민하느라 소위 귓등으로 듣는 경우가 많다. 인내심이 부족하면 상대방의 말을 끊고 불쑥 끼어들기도 한다.
 보고할 때도 마찬가지다. 보고자는 자신이 준비한 내용을 말하기 바쁘고, 상사가 의견을 제시할 때도 어떻게 대처할지 생각하느라 정작 상사의 말을 놓치기 쉽다. 하지만, 내가 할 말만 준비하느라 상사의 피드백을 놓친다면, 보고의 효과는 반감된다. 보고를 잘하는 것도 중요하지만, 그 이전에 상사의 말을 잘 듣는 것이 더 중요하다는 뜻이다.

[보고는 상호작용이다.
잘 말하는 것도 중요하지만,
잘 듣는 것도 중요하다.]

하지만, 상사의 말을 경청하기가 생각만큼 쉽지 않다. 머릿속에 떠오르는 말을 억제하기 어렵고, 집중력이 흐트러질 때도 많다. 또한, 단순히 듣는 것만으로는 충분하지 않으며, 상대방에게 '잘 듣고 있다'는 신호를 보내는 것도 중요하다. 이를 위해 다음 네 가지 방법을 추천한다.

첫째, 가장 간단한 방법은 고개를 끄덕이거나 추임새를 넣는 것이다.
"아, 그렇구나."
"음."

둘째, 간단한 시그널도 좋지만, 미러링 기법을 구사하면 훨씬 더 효과적이다. 상대방의 이야기를 들으면서, 의미 있는 말을 따라 하거나 되짚어주는 방식이다.
"A업체 말씀하시는 거죠? 그 업체 잘하죠."

"SWOT 분석으로 진행하면 효과적이겠네요."

셋째, 상대방의 의견을 칭찬하는 방법이다.
"생각지도 못했는데…."
"그 방법은 매우 효과적이겠네요."
"그 내용까지 적용하면 훨씬 더 좋아지겠는데요?"

입에 발린 말이라고 생각할 수도 있지만, 의외로 상사가 기분 좋게 받아들이는 경우가 많다. 상사도 상사이기 이전에 한 명의 사람이다. 자신의 의견이 존중받는다고 느끼면 보고자나 보고 내용에 대한 호감이 높아질 수 있다.

마지막, 최고의 경청 방법은 메모라고 생각한다. 보고를 하다 보면 이런저런 상사의 피드백이 이어진다. 이때 슈퍼 메모리나 초강력 기억세포를 갖지 않는 한 모든 피드백을 기억할 순 없다. 이를 모를 리 없는 상사가 메모하지 않고 듣기만 하는 나에게 이런 말을 해올 수도 있다.
"내 말 듣고 있는 거지?"
"다 기억할 수 있어?"

보고의 성공 확률이 절반 이하로 떨어지는 소리다. 이때, 준비된 보고자라면 상사가 하는 말을 빠짐없이 메모해야 한다. 물론 메모한 내용을 다 반영해야 한다는 뜻은 아니다. 다만, 보고의 순간만큼은 상사의 말을 다 기록해놓는 것이 중요하다. 판단은 그 후의 몫이다.

사실 메모는 기록보다 메모라는 행위 그 자체에 의미가 있다. 메모를 하는 것은 상대방에게 '당신이 하는 이야기가 중요한 이야기'라는 메시지를 전하는 존중의 표현이자 경청의 최고 단계이다. 메모를 통해 상사에게 '나는 당신의 이야기에 귀 기울이고, 당신의 의견을 소중하게 생각한다'는 인식을 전함으로써 내 보고의 통과 확률을 높일 수 있다.

경청의 네 가지 기술
① 추임새 넣기
② 미러링 화법
③ 칭찬하기
④ 메모하기

드라마를 보다 보면, 연인 사이에 오가는 대화 중에 이런 대사가 많이 나온다.

"사랑한다고 표현을 해야 사랑하는 걸 알지!!"

보고도 마찬가지라고 생각한다. 나 혼자 아무리 상대방 이야기를 잘 듣고 있는다고 생각해봤자 그건 어디까지나 내 생각에 지나지 않는다. 상대방에게 온몸으로 잘 듣고 있다고 표현해야 한다. 추임새, 미러링, 칭찬, 메모라는 네 가지 기술을 활용해 '잘 듣고 있다'는 메시지를 전달하고, 보고의 효과를 극대화할 수 있다. 「잘 듣는 기술」을 연마하면 「잘 말하는 기술」보다 더 큰 힘을 발휘할 수 있다.

2. 보고를 망치는 말, 보고를 살리는 말

"아 다르고 어 다르다."
"말 한마디에 천냥 빚을 갚는다."
"가는 말이 고와야 오는 말이 곱다."

말 한마디의 중요성을 강조하는 속담으로, 같은 말이라도 어떻게 하느냐에 따라 상대방에게 전하는 의미가 바뀌고 상대방의 반응이 달라질 수 있음을 강조하고 있다. 특히, 상사에게 정보를 전달하고 나아가 설득까지 하는 보고에서 말 한마디의 차이는 크게 작용할 수 있다. 이에, 보고의 효과성을 높이고 상사의 신뢰를 얻을 수 있는 세 가지 방법을 소개한다.

1) 확신을 주는 말이 신뢰를 만든다

언어에도 유행이 있을까? 요즘 사람들이 가장 많이 쓰는 종결어미 중에 「같아요」라는 말이 있다. 평소 일상 대화에서는 겸손함을 드러내기도 하고, 조심스러움을 나타내는 말로 사용되는 좋은 표현이다.

하지만, 보고의 순간에 「~같다」라는 추측성 표현은 자칫 잘못하면 독이 될 수 있다. 누군가를 설득해야 하는 상황에서 불확실하고 자신감 없는 표현을 사용하면 상대방에게 신뢰감을 주기 어렵기 때문이다. 상사가 듣기에 '맞다는 거야 아니라는 거야?' 하는 의구심을 갖게 만들 수도 있고, 준비가 부족했다는 인식을 줄 수도 있다. 설령 정답이 아닐지라도 보고하는 순간만큼은 자신 있게 말하는 것이 좋다.

예를 들어, 상사가 "박주임, 행사업체 선정했어?"라고 질문했을 때 어떤 대답이 적절할까?

"예. 제 생각에는 P사가 좋은 것 같습니다."
"예. P사로 진행하기로 했습니다."
"P사로 진행하는 것이 좋다고 생각합니다."

첫 번째와 같은 불확실한 추측성 표현보다는 두 번째와 세 번째 표현이 적절하다. 실제로 내가 다니던 회사의 사장님은 보고할 때 「~같습니다」라는 표현을 쓰면 이렇게 반문하셨다.

"임팀장. 뭐가 다 그렇게 불확실해. 고민한 거 맞아?"

보고는 고민의 과정을 전달하는 순간이 아니다. 고민의 결과를 이야기하는 순간이다. 고민했다면 자신의 생각에 확신을 갖고 말하는 것이 좋다. "~입니다", "~해야 합니다", "~라고 판단합니다"와 같은 표현이 훨씬 더 설득력 있다.

2) 똑같은 내용이더라도, 긍정적으로 말하자

업무 지시를 받으면 자동적으로 안 되는 이유가 떠오를 때가 많다. 그래서 본능적으로 "예산이 부족합니다", "일정이 촉박합니다" 같은 말을 먼저 내뱉게 된다. 하지만 팀장님도 그 일이 쉽지 않다는 걸 잘 알고 있다. 그럼에도 불구하고 업무를 지시하는 이유는 '어떻게든 해결해보자'는 뜻이지, '안 되는 이유를 찾으라'는 의미가 아니다.

"현재 ○○로 인해 진행이 어렵습니다."
"예산 확보가 어렵습니다."
"오늘 오후 4시까지는 불가능합니다"

이런 식으로 보고하면, 안 그래도 바쁘고 정신없는 팀장님에게 불편함만 더해줄 뿐이다.

반대로, 긍정적인 태도로 접근하면 신뢰를 얻고, 적극적인 사람으로 평가받을 수 있다.

"현재 ○○로 인해 어려움이 있지만, ○○팀에게 협조를 구하면 충분히 가능성이 있는 일입니다."
"예산 확보가 쉽지는 않지만, 재무팀을 설득하기 위해 기획서를 작성해서 제출하면 시도해볼 만합니다."
"현재 진행하고 있는 매출 정리 업무를 조금 미뤄주시면, 오늘 오후 4시까지 보고할 수 있습니다."

물론 현실적으로 불가능한 것들도 있다. 이때도 무조건 거부하는 것보다는 일단 긍정 표현을 먼저 한 다음 나중에 거절 의사를 밝히는 편이 좋다.

안 됩니다. → 확인해보고 다시 말씀 드리겠습니다.
불가능합니다. → 가능 여부를 검토해보고 다시 보고드리도록 하겠습니다.
잘 모르겠습니다. → 미처 확인하지 못했는데, 바로 확인해보겠습니다.
제 업무가 아닙니다. → 제 담당업무는 아니지만, 관련 부서에 문의해보겠습니다.

3) 수동적인 자세보다 능동적으로 대처하자

직장인들 사이에서 일명 「넵병」이라는 게 유행했었다. 상사의 지시나 요청에 "넵"이라고 간결하게 답하는 것인데, 재미있는 것은 뉘앙스에 따라 그 의미가 달라진다고 한다.

넵? → 제가 하라고요? 무슨 소리세요?
넵… → 일단은 알겠습니다.
넵. → 해보겠습니다.
넵! → 당연하죠. 제가 하겠습니다.

상사 입장에서 가장 선호하는 대답은 당연히 4번 "넵!"이라고 생각된다. 업무 지시를 받는 순간 누구나 추가적인 업무나 새로운 업무는 부담스럽고 하기 싫을 것이다. 하지만, 기왕에 해야 하는 일이라면 같은 말이라도 좀 더 의지와 열정을 담는 것이 좋다. 이런 표현을 덧붙여보면 어떨까?

"제가 책임지고 진행하겠습니다."
"제가 잘할 수 있습니다."
"팀장님 의견에 더해 더 나은 방향을 고민해서 진행하겠습니다."
"제가 해보고 싶었던 일입니다."
"이번 기회에 제대로 해보고 싶습니다."

위와 같이 짤막한 표현을 덧붙이면 상사에게 긍정적인 인상을 줄 뿐만 아니라, 본인 스스로도 업무에 수동적이 아니라 능동적으로 임하게 되어 더 좋은 결과로 이어질 가능성이 높다.

말은 생각을 담는 그릇이라고 생각한다. 같은 음식이라도 어떤 그릇에 담느냐에 따라 음식 맛이 달라지듯이, 말도 마찬가지다. 같은 의미, 같은 메시지라도 어떤 말 그릇에 담느냐에 따라 전하는 의미가 달라진다. 추측 대신 확신이라는 그릇에, 부정

대신 긍정이라는 그릇에, 수동 대신 능동이라는 그릇에 담긴 말은 힘이 있고 신뢰가 간다. 보고의 성공 확률을 높이고 상사의 신뢰를 얻는 지름길이 될 것이다.

3. 말뿐이 아니라, 온몸으로 보고하자

보고의 완성은 단지 말로만 채워지지 않는다. 물론, 가장 큰 비중을 차지하는 것은 보고 「내용」과 그것을 전달하는 「말」이지만, 보고의 순간 내 몸이 만들어내는 신호와 그 신호로 형성되는 공간적인 분위기까지 보고의 일부라고 할 수 있다.

그런데 보고를 할 때 몸이 부정적인 신호를 보내거나 수동적인 자세를 취한다면 보고 내용과 관련 없이 부정적인 평가를 받을 수 있다. 때로는 말보다 보고자의 표정, 시선, 몸짓, 목소리 등 비언어적 요소가 더 큰 영향을 미칠 수 있다는 뜻이다.

1) 표정과 시선

보고할 때 무표정하거나 시선을 피하는 태도를 보이면 자신감이 없어 보이거나, 보고 내용에 확신이 없다는 느낌을 준다. 또는 상사에게 자신을 불편해하거나 피하고 싶어한다는 인상을 전할 수도 있다. 아래와 같은 방법을 추천한다.

① 표정
― 지나치게 굳은 표정보다는 자연스러운 표정이 보고의 신뢰를 높인다. 때로는 중간중간 옅은 미소를 지어보이는 것도 좋다.

② 시선
― 상대방과 시선을 마주치면서 말하면 신뢰도가 올라간다. 단, 너무 오래 응시하면 부담을 줄 수 있으므로, 자연스럽게 간격이나 시간을 조절하는 것이 중요하다. 5~6초에 한 번씩 마주치는 것이 좋다.

③ 아이 컨택트 완화 기법
― 시선 맞춤이 부담스럽다면, 상대방의 미간이나 코끝을 바라보는 것도 도움이 된다. 또한, 문장을 말하는 동안은 문서나 슬라이드 등을 보다가 중요한 부분에서만 시선을 맞추는 방법도 효과적이다.

2) 자세와 제스처
보고할 때 손을 계속 만지작거리거나, 몸을 계속 흔들거나, 다리를 떠는 행동은 불안한 인상을 준다. 다음과 같은 방법을 추천한다.

① 자세
— 어깨를 펴고 허리를 곧게 하면 자신감이 생긴다. 반면, 상대방이 말을 할 때는 살짝 몸을 앞으로 숙여 경청하는 자세를 취하는 것이 좋다.

② 제스처
— 제스처는 말의 흐름에 맞춰 리듬감 있게 사용하는 것이 중요하다. 손짓을 과하게 사용하면 산만해 보일 수 있으므로, 필요할 때만 적절히 활용하는 것이 좋다. 과장된 동작을 피하고, 어깨너비 안에서 손을 움직이는 것이 가장 안정적이다.

③ 오픈 핸드 제스처(Open-Hand Gestures)
— 손을 오므리거나 주먹을 쥐면 방어적인 태도로 보일 수 있다. 반면, 손바닥을 보이면서 말하면 신뢰감을 줄 수 있다. "이 데이터를 보시면", "결론적으로 말씀드리면"과 같은 표현을 할 때 손을 펼치며 요점을 강조하면 도움이 된다.

3) 목소리 톤과 속도

보고 내용이 아무리 좋아도 단조로운 목소리는 상대방의 집중력을 떨어뜨릴 수 있다. 또한, 말이 너무 빠르면 상사가 내용을 따라가기 어려울 수 있으며, 급하게 마무리하려는 인상을 줄 수 있다. 반면, 지나치게 느린 말투는 상사의 조급증을 유발할 수 있다. 아래와 같은 방식을 추천한다.

① 일반적인 내용을 말할 때

— 자연스럽고 안정적인 톤을 유지하면서, 평상시 말하는 속도로 한다. 배경이나 데이터 설명, 부연 설명을 할 때 등이 해당된다.

② 중요한 내용을 말할 때

— 살짝 높은 톤으로 변화를 주고, 천천히 말하면서 강약을 조절한다. 핵심단어에서 살짝 멈추거나, 목소리를 키우는 방법도 효과적이다. 중요한 수치, 결론, 핵심 메시지, 상사가 중요하게 생각하는 내용 등을 말할 때 적용할 수 있다.

4) 적절한 거리 유지

보고할 때는 상사와의 물리적인 거리도 중요하다. 미국의 문화인류학자 에드워드 T. 홀(Edward T. Hall)의 개인 공간 이론(Proxemics)에 따르면, 인간은 상대에 따라 적절한 거리를 유지하려는 본능이 있다. 일반적으로 공식적인 보고 상황에서는 너무 가깝거나 멀지 않은 약 1~1.5m 거리가 적절하다.

① 1m 이내: 상사가 부담을 느낄 수 있다.

② 1.5m 이상: 거리감이 생겨 소통이 원활하지 않을 수 있다.

보고는 단순히 내용만으로 평가되는 것이 아니다. 보고자의 표정, 시선, 몸짓, 목소리, 거리 또한 보고의 신뢰도를 결정짓는 중요한 요소이다. 신뢰를 주는 표정과 시선, 단정한 자세와 자연스러운 제스처, 리듬감 있는 목소리, 보고 거리까지 신경 쓴다면, 보고의 설득력은 한층 더 높아질 것이다.

마치며
보고 품앗이가 이어지는 그날을 기대하며

지난 15년간 직장생활을 하면서 보고 때문에 울고 웃는 날이 많았다. 걱정했던 보고가 잘 끝나면 하루가 편하고 한 주가 행복했고 한 달이 여유로웠다. 반대로 보고가 생각만큼 안 풀리면 자존심에 상처를 입기도 하고, 왠지 모르게 찝찝한 날들이 이어지곤 했다. 야근에 야근을 반복한 날도 부지기수였다. 다행히 그때마다 시중에 나온 책을 통해 많은 것을 배우고 도움을 얻을 수 있었다. '결론부터 말해라', '간결하게 전달하라', '상대방 입장에서 생각해라' 등 유용한 팁들을 익히면서 점점 보고에 대한 감을 키울 수 있었다.

그래서 여러 선배들에게 「책」으로 받았던 도움을 「책」으로 돌려드리고자 이 책을 집필하게 되었다. 여러 선배들의 지혜와 노하우에 더해 개인적인 경험과 구체적인 방법을 더해서 페이지를 채웠다. 서두에서 밝힌 것처럼 딱딱 떨어지는 보고 공식을 제시하고자 노력했는데, 내 바람이 독자 여러분들에게 전해졌기를 바란다.

솔직히, 책을 쓰고 있는 지금 이 순간에도 보고는 여전히 부담스럽고 불편하게 느껴지는 경우가 많다. 고객사 담당자나 팀장, 임원 등에게 보고할 때마다 긴장되고, 피드백을 받을 때마다 조마조마하다. 그래서 '어떻게 하면 보고를 안 할 수 있을까', '최소한으로 끝낼 수 있을까' 고민했던 적도 많았다. 하지만 시간이 지나면서 깨달았다. 보고는 피할 수 있는 게 아니라, 익숙해지는 것이라는 것을.

다만, 시간이 흐른다고 저절로 익숙해지는 것은 아니다. 우리가 외국어를 배우는 데 시간을 투자하듯이, 보고도 시간을 들여 공부하고 익혀야 한다. 책, 영상, 강의뿐만이 아니라 직장 내 선배들의 노하우도 참고하고 상사들의 피드백 내용도 분석하면서 스스로 더 나은 방법을 찾아가야 한다.

여러분이 보고를 위해 노력하고 시간을 투자한 만큼, 여러분의 보고 실력은 나날이 성장할 것이다. 그리고 언젠가 후배들이 "보고 때문에 너무 힘들어요"라고 말할 때, "나도 한때 그랬지" 하며 한마디 조언해줄 수 있는 날이 올 것이다. 이 책이 그날을 한시라도 앞당기는 데 작은 보탬이 되길 바란다. 그리고 언젠가, 여러분도 내게 받은 도움을 책이나 이야기로 전하며 보고 품앗이를 이어갈 수 있길 기대한다.